Knut Diers

Lesereise Zypern

Knut Diers

Lesereise Zypern

Aphrodites liebster Badeplatz

Picus Verlag Wien

Grafische Gestaltung: Dorothea Löcker, Wien
Umschlagabbildung: © Stefano Gerardi
Druck und Verarbeitung: Remaprint, Wien
ISBN 978-3-7117-1021-5

Informationen über das aktuelle Programm
des Picus Verlags und Veranstaltungen unter
www.picus.at

Inhalt

Poseidon ruft

Vom Hafen in Zygi mit Nikolaos auf Mondfahrt in die ewigen Fanggründe

Nikolaos verbringt kaum eine Nacht mit seiner Frau. Wenn die Uhr zwölf schlägt, gilt seine Aufmerksamkeit einer anderen Liebschaft – »Vesta«. Das ist sein Fischerboot, das im Hafen von Zygi in den Wellen schaukelt. Der kleine Fischerort an der Südküste östlich von Limassol ist nicht gerade hübsch. Doch hier haben sich mehr als ein Dutzend Fischtavernen angesiedelt. Nikolaos und seine Frau Anna betreiben eine davon.

Der Sechszylinder-Diesel tuckert. Die Nacht ist sehr mild und klar. Der Mond zeigt seine Sichel. Sterne funkeln. »Nach denen muss ich nicht mehr navigieren«, sagt der Seemann, »ich habe Karte und Kompass.« Dann zeigt er auf seinen Kopf. Das bedeutet, er kennt das Meer vor der Südküste so genau wie den Inhalt der Schubladen in der Küche seiner Taverne. Untiefen sind ohnehin nicht zu erwarten. Das tiefblaue nächtliche Wasser scheint bereit zum Abfischen zu sein. Rotbarben wird Anna heute Mittag in der Taverne auf die Speisekarte setzen, denn die gehen Nikolaos in den nächsten Stunden in die Netze. Gegen fünf Uhr, wenn die Sonne im Osten über Syrien heraufzieht, dann ist die »Vesta« wieder hinter dem Arm aus hellen Felsbrocken, der als Wellenbrecher den neu umgebauten Hafen schützt, in Sicherheit.

»Nein, Sturm haben wir heute nicht zu erwarten«, prophezeit Nikolaos. Er steuert das kleine Schiff von den beiden schlanken weißen Leuchttürmen im Hafen aus aufs östliche Mittelmeer. Über den Bug geschaut fiele der Blick bei dieser Mondfahrt etwa Richtung Südost auf Tel Aviv, könnte man tatsächlich rund dreihundertvierzig Kilometer weit schauen. Backbord liegen Syrien und der Libanon. Steuerbord – also nach Westen – ist nichts als Meer zu sehen. Nikolaos hält am Heck den weißen Griff des Holzruders fest und gibt Gas. Die »Vesta« stampft durch die Wellen, die heute Nacht nur etwa einen Meter hoch sind.

In großen blau-weiß gestreiften Kunststofftaschen liegen die blauen und gelben Netze bereit. Bald schon wirft der Fischer das Erste von zehn über Bord. Weiße Styroporquader halten die Enden über Wasser. »Neulich hatte ich eine Schildkröte, die hineinschwamm«, erzählt Nikolaos. Er hat sie sofort befreit. Die bedrohten Tiere sind jetzt auf dem Weg nach Lara Beach im Westen der Insel zur Eiablage am Strand. Neben Rotbarben erwartet er heute Plattfische, Makrelen und Barsche. Ab und an hat er auch eine Muräne im Netz. Sie sind eine Delikatesse und bringen gute Preise im Restaurant.

Es ist eine verrückte Arbeitsteilung zwischen ihm und seiner Frau. Nikolaos als Nachtaktiver jagt dem Fischerglück nach, während Anna schläft. Wenn er gegen fünf Uhr im Hafen und dann um sechs zu Hause ist, frühstücken sie gemeinsam. Dann geht er schlafen und sie in die Küche des Lokals. Alles muss hergerichtet werden, bevor dann die Gäste kommen und Fisch essen. Am liebsten serviert Anna *mezé*. Das sind etwa zwanzig Schalen mit allen Genüssen, die sie zu bieten hat. Salat, Oliven, Tintenfisch und Pommes sind dabei. Dazu serviert sie eine Joghurtcreme, vermischt mit Sesampaste, Knoblauch und Zitronensaft. Manchmal legt sie auch fein geriebene Erdnüsse dazu. Das nennt sie *tachini*. Es ist eine Spezialität, die nur noch in den alten Dörfern aufgetischt wird. Sie zerschneidet Taro-Knollen, die wie süßliche Kartoffeln schmecken. Brot und Wein stehen neben Olivenöl und Wasser. Ganze Familien lassen sich an den Tischen nieder und essen die anwachsende Zahl von Schalen leer, die Anna aufträgt. Es sind viele Einheimische dabei, die hier Fisch genießen. Zygi gilt bei Gourmets von Meeresfrüchten ohnehin schon länger als erste Adresse Zyperns.

»Wir haben magere Jahre hinter uns«, bilanziert Nikolaos an Bord. Manchmal mussten sie Fisch zukaufen, um überhaupt etwas in ihrer Taverne anbieten zu können. Dann wieder bringt er mehr als hundert Fische mit von seinem nächtlichen Raubzug in Poseidons Reich. »Es ist wie Roulette, aber verbunden mit frischem Seewind«, sagt er und lacht. Vor allem die gesunde Luft scheint ihn zu beflügeln. »Wenn du jede Nacht hier draußen bist, ist das deine Heimat«, bestätigt er. »Du liebst das Meer irgendwann – und es dich.«

Ihm komme es öfter so vor, als wollte ihm irgendwo da unten Poseidon mit seinem Dreizack nach mehreren fangarmen Tagen einmal so richtig die Netze füllen. »Dann zappelt es an so vielen Stellen beim Einholen, dass ich kaum alles ins Boot bekomme«, beschreibt er die Poseidon-Tage, wie sie bei ihm heißen. Dann schaut er hoch und blickt auf sein Zypern, das sich vom linken bis zum rechten Augenwinkel vor ihm ausbreitet. Von hier aus ähnelt seine Insel einem schlafenden Riesen. Die blinkende Lichterküste erinnert ihn an die Reize, mit denen einst Odysseus zu tun hatte, als er die Gesänge der Sirenen vernahm. Seiner Mannschaft hatte er die Ohren mit Wachs verschließen lassen und ihr befohlen, ihn auf keinen Fall vom Masten loszubinden, an den er sich fesseln ließ. So segelten sie an den Inseln vorbei, die Seemänner waren taub, und Odysseus der Einzige, der dem Gesang der auf den Klippenfelsen wohnenden Geschöpfen standhielt. Üblicherweise betörte die liebliche Melodie die Vorbeifahrenden, sodass sie willenlos zur Insel fuhren, dort allerdings von den Sängerinnen, die halb Frau und halb Fisch oder halb Vogel und halb Frau waren, verspeist wurden.

Nikolaos lauscht in die Nacht. Außer den Wellen, die gegen den Rumpf seiner »Vesta« schlagen, ist nichts zu hören. Für ihn ist Zypern die Insel der Sirenen. Er ist immer wieder angezogen von ihrer Schönheit – jeden Morgen auf der Rückfahrt, wenn sie sich vor dem Boot ausstreckt. Die kaum wahrnehmbare Nuancierung von Blau- und

Schwarztönen des schlafenden Riesen umrahmt im Moment das Lichtermeer von Limassol. Dort an den Stränden bis in den Morgen zu tanzen, das wäre nicht seine Welt. Er liebt die Nähe zu Poseidon, das Gefühl, Odysseus zu sein, aber gleichzeitig auch Annas Mann. Der Hafen dieser Ehe bedeutet ihm viel. Die beiden bilden ein kleines, aber erfolgreiches Unternehmen. Er hat mit den Fischen zu tun, sie mit den Gästen – umgekehrt wäre es ein Desaster.

Wenn Nikolaos auf See ist, fallen ihm viele Geschichten ein von seinem Zypern. Dazu gehört, wie er als Junge bei seinem Onkel im Troodos-Gebirge die Ferien verbrachte. Der erzählte ihm von Lokomotiven, die er so mochte. Solche dampfenden Rösser rollten einst auch über diese Insel, bis die letzte Strecke in den fünfziger Jahren stillgelegt wurde. Dann hat er miterlebt, wie man immer mehr Stauseen in die Berge baute, um darin im regenreichen Winter Trinkwasser für den Sommer zu speichern. »Unsere Flüsse führen nur im Winter Wasser, im Sommer kommt kaum einer bis ins Meer, das dann stellenweise salziger ist als im Winter, weil es nicht durch Süßwasser verdünnt wird«, erläutert der Mann aus Zygi.

Er träumt davon, einmal ein größeres Lokal zu besitzen. Vielleicht hätten sie dann eine moderne Espressomaschine, von der viele Gäste sprechen. Im Moment kann Anna bei Kaffee und Tee nicht mehr als die Grundversorgung liefern – Pulver oder Beutel, mit heißem Wasser übergossen. Ein neues Boot sei auch nicht drin, rechnet Nikolaos vor. Dazu reiche das Geld einfach nicht. Doch Zygi wollen sie nicht verlassen. Dabei war das nicht immer so.

Wie nah der kleine Ort mit seinen paar Hundert Bewohnern am 11. Juli 2011 dem Untergang war, hat der Fischer noch klar vor Augen. Es war kurz vor sechs Uhr morgens. Mit gutem Fang hatte Nikolaos seine »Vesta«, die Göttin des Feuers, gerade an der Kaimauer festgezurrt, da gab es eine Explosion, die seine Ohren schmerzen ließ. Sie war fünfzig Kilometer weiter noch zu hören, doch die Marinebasis Evangelos Florakis, wo sich das Unglück ereignete, liegt nur fünf Kilometer östlich. Achtundneunzig Container mit Munition und Sprengstoff flogen nach einem Brand in die Luft. Der fünfundvierzigjährige Kommandeur des Stützpunkts, der seine Vorgesetzten mehrfach vor der Lagerung der Explosivstoffe im Freien gewarnt hatte, war unter den dreizehn Toten. Die Detonation beschädigte fast alle Häuser in Zygi. Auf die nahe Autobahn regnete es Trümmer. Es gab Verletzte und verbeulte Autos. Aber in seinem Dorf hatten die Einwohner Glück, es kam niemand ums Leben.

Nikolaos schüttelt noch heute den Kopf. Wie kann man so etwas machen? Wer hat zugelassen, den Sprengstoff dort bei sechzig Grad Hitze in einfache Container zu stecken? Die Zyprioten waren fassungslos. Zwei Jahre lang war das explosive Gemisch in der Marinebasis nur notdürftig gesichert gewesen. 2009 hatte ein Schiff der US-Marine den unter zypriotischer Flagge fahrenden russischen Frachter »MV Monchegorsk« mit der brisanten Fracht aufgebracht. Die Munition war auf dem Weg vom Iran nach Syrien gewesen.

Augenblicklich fiel an dem Schwarzen Montag das Licht aus. Die Taverne musste schließen. Das öffentliche Leben brach vielerorts zusammen. Halb Zypern hatte keinen Strom mehr, weil gleich neben der Marinebasis am einst schönen Governor's Beach der größte Stromlieferant der Insel steht. Vasilikos, so heißt das sechshundertvierzig Megawatt starke Öl- und Gaskraftwerk, war außer Funktion gesetzt. Schätzungsweise zweitausend Tonnen Schießpulver waren direkt nebenan explodiert. Die Meerwasserentsalzung fiel wegen Strommangels ebenfalls aus. Der Flughafen konnte nicht mehr arbeiten. »Es war auch für uns ein Tiefpunkt«, erinnert sich der Fischer, der sich in den nächsten Wochen große Sorgen um die Qualität seiner gefangenen Fische machte. Waren die verseucht? Konnte man die essen? Es gebe keinerlei gesundheitliche Risiken, gab der zuständige Minister eine Woche nach der Katastrophe öffentlich zu Protokoll. Von umfangreichen Untersuchungen der Böden, des Wassers oder der Fische im Meer wurde allerdings nichts bekannt.

Nikolaos brachte einige seiner Rotbarben zu einem Freund nach Limassol, der sie untersuchte. Auch der stellte nichts fest. Aber wonach soll man auch suchen, wenn die möglichen Gifte der Explosivstoffe als Militärgeheimnis behandelt werden? So fährt der Mann mit seiner Geliebten weiter hinaus in die ewigen Fanggründe und fischt in den Gewässern der Levante bei Mondschein.

Nikolaos hat heute eine Menge Rotbarben gefangen. »Ein halber Poseidon-Tag, würde ich jetzt sagen«, meint er und blickt auf die zappelnden Fische in seinem hellblauen Boot.

Die ersten Sonnenstrahlen kündigen sich an. Der Hafen füllt sich mit den Booten der Kollegen. Bevor Nikolaos festmacht, schwärmt er von »Athlitikos Podosfarikos Omilose Ellinon Lefkosias«. Nein, das sei keine Tiefkühlkette, die ihm den Fisch abkaufe, winkt er lachend ab. »Das sind unsere Helden der Champions League«, kündigt sich eine Erklärung an, die den ganzen Stolz auf die Fußballspieler des Hauptstadtclubs ahnen lässt. Sie haben 2012 als erster Verein Zyperns überhaupt das Viertelfinale der Königsklasse dieser Sportart in Europa erreicht. Der »Schrecken der Champions League« warf durch seine Spielweise sogar renommierte Vereine wie Olympique Lyon aus dem Rennen. »Dann Real Madrid zu unterliegen«, triumphiert Nikolaos, »das ist doch wohl keine Schande!« Bevor er noch ein paar Spielzüge der ersten Halbzeit, bei der APOEL Nikosia ein Null zu Null gegen den spanischen Fußballgiganten halten konnte, erläutert, schmiegt sich »Vesta« bereits an den Kai. Der Eifrige springt an Land und vertäut seine Liebe. Der Tag kann beginnen!

Das lebende Fossil

Die Zypern-Maus ist die wahre Ureinwohnerin – und wurde erst 2004 entdeckt

Eine Maus ist die Ureinwohnerin Zyperns – die Zypern-Maus. Lange bevor sich die ersten Menschen auf der Insel niederließen, wohnte dort dieser große Vierbeiner. Keine Angst, so groß ist das scheue Tier auch nicht, doch etwas länger als eine mitteleuropäische Maus ist sie schon. Vor allem hat Mus cypriacus, wie sie offiziell heißt, längere Ohren, größere Augen und Zähne. Das erinnert ein wenig an das Grimm'sche Märchen vom Rotkäppchen, eine der bekanntesten Erzählungen Europas. Das junge Mädchen fragt darin den als Großmutter verkleideten Wolf im Bett: »Ei, Großmutter, was hast du für große Ohren?« Und danach: »Ei, Großmutter, was hast du für große Augen?« Schließlich: »Ei, Großmutter, was hast du für ein entsetzlich großes Maul?« Doch wie gesagt: Sie tut einem nichts, die Zypern-Maus!

Entdeckt hat sie ein Wissenschaftler aus dem Norden Englands, und zwar erst vor wenigen Jahren. Thomas Cucchi streifte im Sommer 2004 durch die Weinberge des Troodos-Gebirges, und da plötzlich kauerte sie vor ihm. Nun ist leider nicht überliefert, ob er sie betäubte und mitnahm, ob er Fotos schoss oder Käse auslegte und die Nacht abwartete, um weitere Artgenossinnen zu erblicken. Doch der junge Forscher der Universität Durham kann sich in seine Biografie schreiben: neue Maus entdeckt. Das ist inzwischen durch vielerlei genetische Vergleiche einwandfrei belegt: Sie bildet eine eigene Art.

Schon schwärmten Cucchi und seine Kollegen mit Mausefallen in den Händen aus. Zwischen dreihundert bis neunhundert Metern Höhe im Gebirge wurden sie fündig: Nach ein paar Tagen saß eine Zypern-Maus im Käfig. Bisher ist so viel klar: Sie liebt die Abgeschiedenheit. Sie mag die Nähe zum Menschen nicht. Sie verkriecht sich lieber in bewaldeten Flusstälern. Sie hasst das Tiefland, erst recht, wenn es nicht mehr als hundert Meter über dem Meeresspiegel liegt. Das bedeutet übersetzt: Sie verkörpert so eine Art spiegelbildliches Leben zur Hausmaus.

Die Forscher sind deshalb so angetan von dem scheuen Tier, weil es eine von nur drei Säugetierarten auf allen Mittelmeerinseln ist, die die Ankunft des Menschen vor rund elftausend Jahren überlebt haben. Alle anderen Arten des Altertums sind langsam, aber sicher in die Enge getrieben worden, sei es durch Besiedlung, durch Ackerbau oder durch Waldrodung. Bald war der Lebensraum zerstört, waren die Nahrungsgrundlagen verloren. Thomas Cucchi preist deshalb seine Maus mit den honorigen Worten: »Sie ist ein lebendes Fossil!«

Fast scheint es so, als hätte der aus Frankreich stammende Archäologe, Zoologe und Historiker eine noch lebende Variante eines Dinosauriers im Wald von Zypern entdeckt. Ganz so ist es nun nicht, doch der in Schottland lehrende Franzose ist sich des Beifalls zumindest in der Fachwelt sicher. Nur winkten seine Kollegen ab, als Thomas Cucchi »seine« Entdeckung »Mus Aphrodite« nennen wollte. Die »Schaumgeborene« ist auf der Insel allgegenwärtig, aber als Namenspatin für den letzten graufelligen Vierbeiner aus dem Unterholz dann wohl doch nicht so passend. Jedenfalls rückte der Franzose bald von seinem Vorschlag ab, gab ihr aber auch nicht seinen eigenen Namen. Mus cypriacus ist in Europa etwas ganz Besonderes, denn neue Arten werden fast täglich in Südostasien an den Hotspots der Artenvielfalt aufgestöbert, in Europa schien man aber seit einem Jahrhundert vor solchen Überraschungen sicher zu sein. Cucchi sei Dank, dass es anders ist. Neue Fragen tun sich auf: Wie konnte sie überleben? Wie viele ihrer Art leben auf Zypern? Wird sie durch irgendetwas bedroht? Muss man sich also Sorgen um sie machen?

Nein, sie steht schon auf der Roten Liste bedrohter Arten. Sie ist widerstandsfähig. Sie kennt sich dank ihrer mehr als elftausend Jahre geschulten Ortskenntnis auf Zypern bestens in jedem Winkel aus. Das muss genügen. Was hätte sie nicht alles zu erzählen. Ach, wenn sie doch nur reden könnte.

Zypern ist aber auch von anderen eindrucksvollen Tieren besiedelt. Wer gern Fledermäuse in der Dämmerung bei ihren eckigen Flugmanövern beobachtet, hat hier gute Chancen – zehn Arten von den fliegenden Säugetieren leben auf der Insel. Und es gibt nur sechzehn Säugetierarten insgesamt auf Zypern. Die anderen – neben der Zypern-Maus – sind: Ratten, eine weitere Mausart, Rotfuchs, Hase und das zypriotische Wildschaf, auch Mufflon genannt. Ähnlich selten wie die Zypern-Maus zeigt sich das Mufflon. Es versteckt sich im Westen des Troodos-Gebirges, kann klettern wie ein Steinbock und ist flink wie ein Wiesel. Von nur zwanzig Exemplaren vor rund hundert Jahren hat sich die Population auf etwa achthundert Tiere entwickelt. Folgerichtig ist es auf gleich drei Euromünzen gewürdigt worden: Das Zypern-Mufflon hat es immerhin auf die Ein-, Zwei- und Fünf-Cent-Münze geschafft.

Zu den sichtbaren Repräsentanten der einheimischen Fauna zählt der Schleuderschwanz. Er ist ein kleiner Drache, jedenfalls nach seinem Äußeren zu schließen. Die Echse liebt die Wärme über alles, weshalb man sie auf warmen, dunklen Steinen leicht antrifft. Biologen schreiben über sie: Luft- und Bodentemperaturen von sechzig Grad werden toleriert. Der dreißig bis achtunddreißig Zentimeter lange Hardun, wie das schuppige, robuste Tier in der Fachwelt heißt, besteht zu zwei Dritteln aus Schwanz. Während der ruhig am Boden liegt, ist das Vorderende des Reptils oft in Bewegung – es nickt mit dem Kopf, als wollte es allem zustimmen. Da es nicht so scheu ist wie viele andere Tiere, lässt es sich gut fotografieren. Dann reckt es den Kopf noch höher, wie eine Diva, um in gutem Licht zu erscheinen. Es könnte ein Fall von Selbstverliebtheit sein, doch muss sich der Schleuderschwanz stets in Acht nehmen vor Hauskatzen und großen Nattern. Bei denen steht er auf der Beuteliste. Wird der Hardun festgehalten, zeigt er sich durchaus rebellisch, kratzt und beißt kräftig zu.

Ganz zart und hilflos wirken dagegen die kleinen Meeresschildkröten, wenn sie an der Westküste aus ihren Eiern geschlüpft sind. Das ist zumeist Ende Juli der Fall. Hunderte der nur wenige Zentimeter langen Schildkröten ziehen zielsicher in der Nacht zum Meer. Füchse, Krähen und Habichte lauern schon. 1976 hat deshalb die Fischereibehörde Zyperns ein beispielhaftes Schutzprogramm für die beiden hier lebenden und bedrohten Arten der Suppenschildkröte und der Unechten Karettschildkröte entwickelt. Die Strände werden bewacht – vor allem vor neugierigen Blicken der Menschen. Naturschützer tragen die kleinen Schildkröten in schützenden Käfigen zum Meer. Dort allerdings müssen sie selbst den Überlebenskampf bestehen. Sie treffen auf Meerbarben, Tintenfische, Krabben, Schwertfische, Seesterne und Flötenfische. Die Vielfalt ist angemessen groß. Viel Glück, kleine Meeresschildkröten, bis ihr einmal mit eineinhalb Metern Länge ausgewachsen seid!

Das Lara-Projekt am Strand nördlich von Avagas wird vom World Wildlife Fund mitfinanziert. Es sichert rund viertausend Tieren im Jahr das Überleben. Sogar gläserne Brutkästen setzen die

Tierfreunde ein. Das Verblüffende: Die Temperatur regelt, ob Männchen oder Weibchen aus den Eiern schlüpfen. Liegt die Lufttemperatur im Kasten unter neunundzwanzig bis dreißig Grad, kommen männliche Meeresschildkröten heraus, liegt sie höher, erblickt weiblicher Nachwuchs das Licht des Lara-Strands. Oft suchen sie später denselben Platz zur Eiablage auf. Sie kommen meist im Juni, buddeln Nester von fünfzig bis hundert Zentimetern Tiefe im Sand und legen rund hundert Eier hinein. Dann planieren sie das Nest mit ihrem Körper wieder zu. Es ist ein Schauspiel, das man sich am besten im Film ansieht, denn die Tiere sollten doch bitte ihre Ruhe haben.

Mit der Zypern-Maus ist es da einfacher: Sie macht sich in den Wäldern des Gebirges rar. Sie lässt sich einfach nicht bedrohen, denn sie weicht frühzeitig aus, wenn die Schritte des Wanderers den Boden dröhnen lassen. Sie ist und bleibt eine Verteidigerin ihrer Insel. Von so einem langen Stammbaum können andere Tierarten nur träumen.

Hercules schenkt noch Tee nach

Das Forest Park Hotel in Platres ist eine liebenswerte Institution

Im Raum, in dem die antiken Vasen stehen, zieht Hercules Skyrianides plötzlich die Tischdecke beiseite. »Hier an dem grünen Tisch hat damals König Farouk von Ägypten Karten gespielt«, verkündet der einundsiebzigjährige Hotelchef stolz. Da der König schon 1952 abdanken musste, ist es schon eine Weile her, dass er hier auftrumpfte. Doch Hercules erinnert sich genau. »Wenn er nur drei Könige in seinem Blatt hatte, sagte er keck: ›Und der vierte König, das bin ich.‹«

Das Forest Park Hotel in Platres hoch oben im Troodos-Gebirge von Zypern war schon seit seiner Gründung 1936 die erste Adresse im Lande. Es ist eine gemäßigte Klimaregion, die die Briten dem im Sommer überhitzten Küstensaum vorzogen. Zudem fällt im Winter oben am Olymp in fast zweitausend Metern Höhe Schnee, sodass im Januar und Februar Skifahrer hier schon damals Urlaub einlegten. Hercules selbst ist ein passionierter Abfahrtsläufer, was am Olymp allerdings in zwei bis drei Minuten erledigt ist – länger sind die Pisten nicht. Immerhin reichte sein Talent, um an den Olympischen Winterspielen 1984 in Sarajevo teilzunehmen. Eine Medaille hat er leider nicht vorzuweisen.

Vor dem Kamin im Empfangsraum seines Hotels bittet der Seniorchef zur Teestunde. Dazu lässt er zwei Sorten Plätzchen servieren. Der untersetzte Mann mit seiner dunkelblauen Cordhose, dem blau-weiß gestreiften Hemd und dem knallroten Pullover grinst. Er wirkt so britisch, dass »Sir« als Anrede angebracht wäre. In Portsmouth hatte er Hotelmanagement studiert, bevor er 1962 nach Zypern zurückkam, um das ehrwürdige Haus von seinem Vater zu übernehmen. Seit 2001 ist Hercules Chief Executive Officer des Hotels. »Darf ich noch nachschenken?«, fragt er seine Gäste artig und das schon lange bevor ein dezenter Ober in der Tür erscheint, um nachzusehen.

Aus dem Kaminfeuer knackt es. Hercules hält Plauderstunde, aber so unaufdringlich, so offen und vertraulich, dass es dem Gast vorkommt, als servierte ein alter Freund ihm die wichtigsten, verpassten Höhepunkte des Hotellebens und die der gesamten Mittelmeerinsel in seiner viel zu langen Abwesenheit. Da war die indische Premierministerin Indira Gandhi im September 1983 zu Gast, woran Hercules mit einigen Details erinnert. Zwei Jahre später legte sich Daniel Ortega, der legendäre Präsident Nicaraguas, für ein paar Nächte hier zur Ruhe und quittierte das mit einem schwungvollen Eintrag im Gästebuch.

»Willy Brandt war ein sehr spezieller Gast«, erinnert sich Hercules und schmunzelt ein wenig. Der deutsche Bundeskanzler war Anfang der siebziger Jahre berüchtigt für seine Frauengeschichten und seinen Alkoholkonsum. Doch die Diskretion eines First-Class-Hotels reicht weit über den Tod der Gäste hinaus. Auch zu Erich Honecker, der hier 1982 kurz residierte, lässt sich der erste Mann im Hotel nicht viel entlocken. Daphne du Maurier, die englische Autorin, bedankte sich im Gästebuch huldvoll für »happy peaceful weeks« und lässt ahnen, wie lange früher ein Urlaub anhielt. »Von Juni bis September hatten wir damals ein neunköpfiges Orchester engagiert«, schwärmt der Zypriot, »da gab es jede Nacht Tanz.«

Vornehmlich Frauen mit ihren Kindern hatten sich auf einen mehrmonatigen Aufenthalt im Hotel eingerichtet. Die Männer waren daheim mit ihren Geschäften befasst, schickten öfter ein Telegramm und kamen eine Woche zum Ende der Sommerfrische vorbei, um die Lieben dann wieder mit nach Hause zu nehmen. Nur – mit wem tanzten die Damen, wenn jede Nacht das Ballkleid ausgeführt wurde? Da gab es einzelne Herren, Schriftsteller, Lebenskünstler, Geschichtenerzähler und Politiker. Es war also eine illustre Runde, die sich schon zum Frühstück auf der Terrasse traf und bei dem herrlichen Blick in die Berge und Pinien das Gefühl einatmete, endlich das ersehnte schönste Fleckchen auf Erden gefunden zu haben. Einige drehten auch ihre Schwimmrunden im Fünfundzwanzig-Meter-Becken unten im Garten.

Inzwischen hat der Ort Platres allerdings etwas gelitten. Zwar sind viele Villen noch geprägt vom britischen Architekturstil. »Doch die letzten fünf

Jahre hat aber auch gar nichts nach vorn geführt«, beklagt sich der Hotelier. Endlich gebe es einen neuen Bürgermeister, der das teilweise verlassene Dörfchen im Gebirge wieder zu neuem Ruhm bringen will. Hercules unterstützt den »lieben Panayiotis« nach Kräften, schließlich sitzt der Hotelier im Entwicklungsrat des Ortes, und das nicht erst seit gestern. Da modern herrenlose Villen mit offenen Türen und Fenstern vor sich hin, während nebenan ein Dreisternehotel mühsam versucht, den Charme des Gestrigen abzustreifen. »Die Besitzer der verlassenen Häuser werde ich alle anschreiben, so geht das nicht«, verkündet Panayiotis streng.

Vielleicht sind die Klimaanlagen schuld, dass es eines Tages bergab ging mit dem Bergort. Unten an der Küste war der Sommer nicht nur für die Briten unerträglich heiß, die hier oben gleich nach ihrer Ankunft 1878 ihre ersten majestätischen Häuser aus roten Klinkern bauen ließen. Ihre Pferdekutschen rollten in gut zwei Stunden vom Hafen in Limassol an der Südküste hinauf ins kühle Gebirge. Hotelplakate aus jener Zeit verheißen den Duft von Pinien in dreitausendsiebenhundert Fuß über dem Meer, fließendes kaltes und heißes Wasser, elektrisches Licht, eine neue Tanzhalle sowie in jedem Zimmer eine elektrische Klingel. Mit der konnte man den Ober rufen. Platres war noch in der ersten Hälfte des 20. Jahrhunderts ein Refugium der Vornehmen. Bis in die sechziger Jahre galt weiße Haut als Zeichen guten Lebens, denn die

Armen mussten sich auf den sonnigen Feldern abschinden, und so war die Lage fern von den Stränden kein Nachteil für das Hotel.

Erst langsam legten sich auch auf Zypern immer mehr Gäste unten am Meer in die Sonne und ließen sich bräunen. Es war der Übergang zum Massentourismus. Die Pauschalreise wurde erfunden, die Zersiedlung der Landschaft durch Bettenburgen nahm auch auf dieser Insel ihren Lauf. Die vornehme Blässe verschwand wie der dreiwöchige Hotelurlaub in den Bergen von Troodos. Das im Bauhaus-Stil errichtete Haus der Familie Skyrianides mit hundert Zimmern – lange Zeit das größte Hotel Zyperns – hatte keine guten Auslastungszahlen mehr.

Wenn er jetzt an die Zukunft denke, werde ihm oft bange, bewilligt Hercules einen Einblick in den geschäftlichen Zweig seines Denkens. Er schenkt noch Tee nach und steckt das Lob der Gäste für die zwei Arten in der Hotelküche gefertigter Plätzchen nickend und schmunzelnd ein.

Auch der Verfall der Sitten gehört in die Rubrik »Veränderungen zum Schlechten«. Während früher Samt und Seide den Stil der Bekleidung prägten, hat Hercules tatsächlich neulich erst wieder beobachtet, wie seine Hausgäste in nassen Badesachen am Frühstückstisch Platz nahmen. Er wird noch deutlicher. »Wenn wir jetzt noch all-inclusive einführen, ist das ein Desaster«, beschreibt er ein Menetekel, das auch die Hotelwelt der »Insel der Götter« erreicht hat. »Die Leute konsumieren nur noch, nehmen und werfen weg – weil es nichts kostet. Ist das nicht schrecklich?« Nein, das hat sein edles Haus mit dem wunderbaren Luxus und den zeitgemäßen Zimmern gewiss nicht verdient.

Da spricht er doch lieber von seinem alten Hobby – den Oldtimern. An historischen Rallyes hat er schon oft teilgenommen, auch auf anderen Kontinenten. Als Mitglied im Cyprus Classic Car Club steuert er stolz seine Autos aus den dreißiger Jahren, präsentiert sie auch bei Ausstellungen und setzt sich gern in seinen Porsche 911, Baujahr 1967. Leidenschaft braust in ihm auf. Seine Erzählungen von den alten Autos sind so genau und verliebt, der Gast sieht in seiner Fantasie sein Gegenüber schon in Ledermütze und mit durchbrochenen Autohandschuhen. Ach, Hercules ist ein Original. Auf seiner Visitenkarte steht nicht mehr als der Name und der Ort sowie Zypern. Es hat ein wenig die Anmutung wie eine Adresse vom Format »Papst, Rom«. Doch von Erhabenheit gibt es bei Hercules keine Spur. Es ist diese Mischung aus korrektem Englisch, wortgenauer Beschreibung, Lust am Erzählen, gelegentlichen Gesten, gediegenem Lachen und Beobachtung seiner Zuhörer, die Hercules zu einem Vortragskünstler und unterhaltsamen Zyprioten machen, der einem im Gedächtnis bleibt. Deutliche Worte ohne ausfallend zu werden, klare Meinungen ohne dem Gast über den Mund zu fahren und eine Ahnung, wie tief die Zuneigung einzelner Menschen bei ihm gehen kann – das liefert er mühelos.

Jetzt erzählt er von Rolf und Irene aus Deutschland. Sie ließen sich vor mehr als zehn Jahren in einer hübschen Bucht auf der Insel nieder. Sie kauften ein Anwesen und bestückten es mit wertvollen Mitbringseln ihrer ausgedehnten Reisen. Teppiche, Schmuck, Antiquitäten und vieles mehr zierten ihre Wohnung. Sie lernten sogar Griechisch. Bei den ersten Besuchen, noch ohne das Haus, wohnten sie im Forest Park Hotel zum kurzen Skifahren zu Beginn eines Jahres. Damals genossen sie die Gastfreundschaft des Mannes, der irgendwann ihr Erbe werden sollte. Sie konnten ihm vertrauen. Sie konnten ihn nachts anrufen, wenn in ihrem Haus der Abfluss abrupt nicht mehr seinem üblichen Auftrag nachkam. Mit Handwerkern und Anwälten kennt sich Hercules aus. Rolf und Irene erlebten eine Wärme, ein Geborgensein, eine Notrufbereitschaft, wie sie sie in Deutschland nie empfunden hatten. Hercules, dessen Name beim Ansehen der eher kleinen Person vielleicht zunächst amüsant erscheint, zeigt seine wahre Größe. Als Sohn des Zeus wohnt er im Olymp – in diesem Fall tatsächlich kurz unterhalb des höchsten Bergs Zyperns – und sein Name ist Synonym für große Kraft. Dieser Hercules erscheint zwar nicht als selbstloser Helfer, aber auf keinen Fall als jemand, der auf Gegenleistung erpicht ist. Er hilft aus seinem Selbstverständnis heraus.

Als Rolf und Irene kurz nacheinander gestorben waren, erfuhr der Hotelier, dass sie ihn als Erben ihrer Villa mit Meerblick auserwählt hatten. Nahe Verwandte hatten sie nicht. Die fernen wurden informiert, dass Hercules den Schlüssel habe und ihnen gern gelegentlich Zugang gewähre zu dem hübschen Haus, das er jetzt manchmal als Wochenendsitz nutzt. Doch der neue Besitzer stellt protokollarisch fest: »Es hat sich bisher niemand bei mir gemeldet.«

Baden mit Aphrodite

Der Kult um die »Schaumgeborene« und ihren Freund Adonis

Sie trug diesen Liebesgürtel, der alle Männer verzauberte. Sie war zwar verheiratet – mit dem unattraktiven Hephaistos, aber das war bloß der Unfall einer Verkupplungsgeschichte, wie sie nur Götter einfädeln können. Sie schwelgte in Seitensprüngen, inszenierte Leidenschaft, brachte mit dem Kriegsgott Ares den Sohn Eros zur Welt und vernachlässigte dabei nie ihre politische Arbeit, um die Macht im Olymp zu vergrößern.

Diese vielschichtige Frau, die Göttin der Liebe und Schönheit, kam aus Zypern. Der Schriftsteller Herodot beschreibt sie in allen Einzelheiten und verehrt »die aus dem Schaum Geborene«, denn »aphros« bedeutet Schaum. Da über göttliche Existenzen selten verbriefte Dokumente zu finden sind, hatten es die Zypern-Werber leicht. Sie fuhren die Südküstenstraße B6 entlang und blickten aufs Meer. An einer besonders schönen Stelle, an der Felsen mystisch in der Brandung liegen, hielten sie an und tauften den Ort zwischen Pissoúri und Koúklia Aphrodite-Felsen.

Heute führt vom Parkplatz ein Tunnel unter der Straße hindurch zum Kieselstrand. Irgendwo hier in der Brandung soll Aphrodite einst aus dem

Schaum gestiegen sein. Erstmals in ihrem Leben hatte die Tochter des Zeus festen Boden unter den Füßen. Wer sich hier hinsetzt oder gar ins Wasser wagt, was wegen der Strömung zwischen den Felsen ein böses Unterfangen ist, kann die Schöne aus dem Meer flüstern hören. Kein Wunder, dass sich Liebespaare an dieser Stelle ewige Treue schwören. Gerade haben Elena und Pawel mit schwarzer Farbe ihre Namen auf einen Stein dicht am Wasser gemalt und ihr Hochzeitsdatum dazugesetzt. Im nahen Gebüsch hängen Hunderte weißer Tücher und wehen gute Wünsche in die Ewigkeit.

Von Pétra tou Romioú, dem »Stein des Römers«, ist es nicht weit bis zum Tempel der Aphrodite in Koúklia. Schon seit der ersten Besiedlung steht an der Stelle ein konischer Stein als Heiligtum. Im Laufe der Jahre entwickelte sich das Areal mit Säulen und Hallen zu einem ansehnlichen Refugium. Aus römischer Zeit stammt das Mosaik »Leda und der Schwan«. Die Römer nutzten den Aphrodite-Ort zeitweise auch, um hier ihr Orakel zu befragen, das immer Rat wusste. Auch die Römer glaubten, dass die Liebesgöttin gleich hier in der Nähe aus dem Meerschaum stieg. Bei ihnen hieß sie allerdings Venus.

Aphrodite wird heute noch in der ganzen Welt geliebt. In der modernen Vorstellung ist sie eine Frau, die alles positiv sieht und sich als äußerst flexibel erweist. Sie ist empathisch, spontan und abenteuerlustig. Ihr Antrieb ist das Vermehren ihres eigenen Ansehens. Sie kostet alle Möglichkeiten des göttlichen und irdischen Lebens voll aus. Sie ist fraglos geschäftlich äußerst erfolgreich in der von Männern dominierten Welt. Wer ihr jedoch auf offener Bühne entgegentritt, muss in der Reaktionsskala von Zorn bis Rache mit allem rechnen. Sie ist es gewohnt, zu siegen.

Das zeigte sich schon sehr eindrucksvoll, als der von König Priamos ausgesetzte Sohn Paris, der unter Hirten aufwuchs, Schiedsrichter spielen sollte. Paris stand zwischen Tannen und Steineichen und blickte aufs Meer. Da kam der Götterbote Hermes vorbei, der drei Göttinnen des Olymp quasi im Schlepptau hatte. Dann leitete er mit huldvollen Worten seine tückische Frage ein: »Zeus selbst hat dich zum Richter bestimmt. Sei ohne Furcht! Dein Amt ist es, zu entscheiden, welche von ihnen die Schönste sei.« Paris war zunächst geschockt, sah sich die drei Frauen genau an, konnte sich aber nicht für eine einzige erwärmen. Hera, Frau des Zeus, war die größte und versprach Paris gleich die Herrschaft über das herrlichste Reich der Erde, wenn er sie erwählte. Pallas Athene, die zweite in der Reihe, versicherte dem Schiedsrichter höchsten Ruhm an Weisheit und edlem Heldentum. Immerhin war sie die Lieblingstochter des Zeus. Odysseus, der Klügste unter den Sterblichen, galt als ihr Liebling. Durch ihre eigene Klugheit lenkte sie die Geschicke der Völker in den Schlachten.

Dann aber kam die Werbeminute von Aphrodite, die bisher nur gelächelt und nebenbei allerdings schon ein Netz von Liebesstrahlen ausgesandt hatte. »Du wirst dich doch nicht durch Geschenke verlocken lassen, die du erst nach unendlichen Gefahren und Mühsalen zu erlangen vermagst«, hauchte sie ihm zu. »Was ich dir geben werde, ist nichts als Glück und Freude: Das schönste Weib der Erde will ich dir als Gemahlin in die Arme führen!«

Da schmolz Paris dahin, geblendet von Aphrodites Zaubergürtel und ihrem makellosen Körper. Sie bekam den goldenen Apfel mit der Aufschrift »der Schönsten!« verliehen, den Hera mitgebracht hatte. Sie und Pallas Athene zischten wütend davon. Paris hatte mit seiner Wahl ohne es zu ahnen die Grundlage für den Trojanischen Krieg gelegt, denn die Unterlegenen fädelten später die Schlacht um die Stadt in Kleinasien ein.

Aphrodite aber ging auf andere Weise in die Geschichte ein. Sie säte Wollust unter den Menschen. Sie schützte alle Liebenden und strafte Verächter der Liebe. Außer dem Apfel waren ihr die Rose und die Myrte geweiht, in der Tierwelt der Sperling und die Taube. In ihrem Gefolge befanden sich ihr Sohn Eros, der ständig Liebespfeile abschoss, was ja bei der Mutter nahe lag, sowie die drei Grazien. Aglaia, Euphrosyne und Thalia sind die Göttinnen der festlichen Freude. Eines Tages aber hörte Aphrodite von einer Frau, die angeblich schöner sei als sie. Deshalb umnebelte sie deren Mann und brachte ihn dazu, eine Nacht mit deren Tochter Myrrha zu verbringen. Als der Gebeutelte merkte, dass er gleichzeitig Vater und Großvater wird, wollte er seine Tochter töten. Doch hier kam wieder Aphrodite zuvor und verwandelte Myrrha in einen Strauch. Aus dem fiel dann später ein Knabe heraus – namens Adonis.

Aphrodite war augenblicklich von seiner Schönheit angetan. Um ihn vor den Begierden anderer zu schützen, packte sie ihn in eine Truhe, die sie Persephone gab, denn bei der Göttin der Unterwelt sollte er wohl sicher sein. Doch die Neugierige öffnete die Truhe, war ebenfalls gefangen von der Schönheit des Knaben, zog ihn auf und verliebte sich in den Jüngling. Aphrodite war außer sich, als sie davon hörte. Sie wollte ihn als ihren Liebhaber gewinnen, doch Persephone weigerte sich, Adonis herauszugeben. So kam es zum Streit zwischen den Damen, den nur einer schlichten konnte: Zeus.

Der Götterchef entschied sich für ein Teilzeitmodell: Adonis sollte ein Drittel der Zeit bei Aphrodite verbringen, ein Drittel für sich haben und ein Drittel bei Persephone in der Unterwelt. Ach, aber selbst damit gab sich die Liebesgöttin nicht zufrieden. Sie vertraute auf die Wirkung ihres Gürtels, und tatsächlich mochte Adonis zum vereinbarten Übergabetermin nicht bei Persephone bleiben. Er fremdelte. Die Göttin der Unterwelt tuschelte das weiter zu Ares, dem Kriegsgott. Der verwandelte sich in einen wilden Eber und tötete Adonis auf der Jagd. So kam er zwangsläufig in die Unterwelt. Nun musste wieder Zeus einschreiten, der auf das Teilzeitmodell pochte. Nach der Frist erweckte er Adonis wieder zum Leben, sodass er Zeit mit Aphrodite verbringen konnte.

Was für ein Hin und Her! Doch die antiken Märchenerfinder hatten ihren Spaß daran, das alltägliche Leid der Familienqualen in formschöne Göttererlebnisse zu kleiden. Wer auf Zypern unterwegs ist, wird an vielen Stellen auf Aphrodite und Adonis stoßen. Die Namen der beiden sind fast wie aus der Streubüchse über die Insel verteilt. Das Bad der Aphrodite, etwa acht Kilometer westlich von Polis, ist so ein Punkt. An einem Tümpel in den Felsen wächst noch ein Feigenbaum. Hier soll die Göttin der Schönheit einst gebadet haben – vermutlich hüllenlos. In dieser natürlichen Grotte lernte sie Adonis kennen. Also muss hier der immergrüne Myrte-Strauch gewachsen sein, aus dem der Knabe einst fiel. Aus dem Bergmassiv der Halbinsel Akámas, die von wundervollen Wanderwegen mit Blick auf das blaue Meer durchzogen ist, plätschert Wasser. Hier muss sie also gestanden haben. Dem verzückten Gast bietet gleich ein Hinweisschild in etwas rustikalem Englisch Einhalt: »Don't enter in the Pool!«

Die Zyprioten wissen, dass ein Bad in diesem Nass Schönheit und lange, wenn nicht gar ewige Jugend verheißt. Aphrodite, so wird überliefert, habe hier nach ihren Wanderungen gebadet und sich mit ihrem Geliebten Akámas vergnügt. Nach ihm ist nun die hübsche Halbinsel benannt. In der Nähe säumen Olivenbäume und Pinien den Weg. Bald führt ein steiler Pfad nach oben über einen felsigen Hang. Die weißen Steine setzen sich farblich von der roten Erde ab. Wurzelnester locken zur Rast. Von hier eröffnet sich ein famoser Weitblick auf die Chrysochoú-Bucht. An mehreren Stellen scheint ein Szene-Maler dicke weiße Tupfer ins Blau gedrückt zu haben. Es sind stattliche Segelschiffe, die in der Distanz klein erscheinen und das rechts beginnende Troodos-Gebirge entsprechend riesig wirken lassen. Von unten weht warme Luft herauf. Orchideen und wilde Tulpen sprießen hier. Geier ziehen ihre Kreise. Schwarze Bergziegen preschen davon. Dass auch dieser Wanderweg Aphrodite heißt, ist fast nicht mehr erwähnenswert. Zu naheliegend erscheint den Einheimischen diese inflationäre Namensgebung.

Weiter zur Spitze der Halbinsel liegt das Ausweichbad Aphrodites, die »Quelle der Liebenden«. Hier soll die Holde sich liebestoll im frischen Wasser gewälzt haben. Dazu ist heftig viel Fantasie notwendig, denn die Quelle ist in einen hässlichen Betonschacht gekleidet worden. Die Fontana Amorosa, so der wohlklingende Name, hat ihre Schuldigkeit getan. Nach dem Abzug der Briten von der lieblichen Halbinsel, die sie als Übungsgelände missbraucht hatten, wird nun die Furcht der Einheimischen größer, hier könnten sich neue Feriensiedlungen breitmachen. Zum Glück hat Aphrodite noch viele Ausweichquartiere auf der Insel.

Ein friedlicher Tempel der Lust sind die Bäder des Adonis bei Tala in einer Sackgasse der Landschaft. Das wilde Gelände in der Nähe von

Patos ist mit zwei Wasserfällen und zwei natürlich geformten Schwimmbecken ausgestattet. Vom 17. Jahrhundert bis 1959 klapperte hier eine Wassermühle, deren Reste noch als kleines Museum und als Herberge für Grillabende dienen. Der emsige Schauspieler Pámbos, dessen Großvater die Mühle betrieb, sitzt an der Kasse und erzählt den Ankömmlingen lustige Geschichten. Viele kämen, wie Pámbos weiß, um durchs Baden in Adonis' Wasser besondere Potenz zu erlangen. Wahlweise sprießen bei Glatzenträgern auch die Haare wieder. Bei Frauen führt das Bad zu ungeahnter Fruchtbarkeit. Sicherheitshalber kommen manche in Vollmondnächten. Wenn sie dann noch die weiße Adonis-Statue an der richtigen Stelle küssen, scheint der Kinderwunsch fast augenblicklich in Erfüllung zu gehen.

Wie ernst es einigen Gästen mit diesem Zauber zu sein scheint, lässt sich nachts auf dem Parkplatz vor dem Eingang beobachten. Jedenfalls erzählen Einheimische vom bunten Treiben der Liebespaare. Von hier sind es nur ein paar Hundert Meter bis zu einer kolossalen Aphrodite-Nachbildung, die in den Himmel ragt. Die Frau in Weiß deckt mit einer Hand ihre Brustspitzen ab. Mit der anderen fasst sie sich in den Schritt. Links vor dem Eingang hält ein Gott die Hand auf. Darin findet eine beflügelte Göttin Halt auf einer Kugel unter ihren Füßen. Innen endlich steht dann das zypriotische Liebespaar schlechthin – Aphrodite und Adonis kurz vor einem innigen Kuss.

Adonis, der seine Schönheit hüllenlos präsentiert, steht aufrecht und wendet sein Haupt leicht nach links. Aphrodite, etwas kleiner gewachsen, steht barbusig neben ihm und hat ihre linke Hand an seine rechte Wange gelegt. Ihr Kopf neigt sich nach rechts. Ihre Blicke spiegeln schmachtendes Verlangen. Nur ein paar Zentimeter noch sind ihre Lippen von denen des Geliebten entfernt. Ihren Liebesgürtel, eine Art Berufskleidung, hat sie heute nicht dabei, wohl aber einen wallenden Stoffumhang, der schon sehr weit zu Boden gegangen ist. Ein dicker Knoten, der sich gerade vor ihrem Schambereich befindet, soll den letzten Fall verhindern.

Unten springen Kinder von einem Baumstamm in den Naturpool. Andere schwingen am Seil, das von den Ästen herabhängt. Mutige lassen sich von einem Felsvorsprung in etwa zwölf Metern Höhe ins Wasser fallen. Links von den Treppen, die zum Wasser hinabführen, hat Pámbos eine Holzterrasse um einen Baum gezimmert. Hier picknicken die Gäste und lassen sich vom Kult des Adonis berauschen. Der soll hier die schönsten und schnellsten Rosse der Antike gezüchtet haben. Doch seine Liebe zu Aphrodite, die viele Kinder zur Welt brachte, war nicht ungetrübt. Die Göttin der Jagd, Artemis, war eifersüchtig und warf eine Mandel ins Becken unter diesem Wasserfall. Das Glitzerteil in der Tiefe funkelte in der Sonne, und Adonis sollte davon angelockt werden, sodass er beim Abtauchen ertrinke. Wie das bei Göttern so ist, hatte Poseidon, der Gott des Meeres, sofort Artemis' listige Tat erkannt. Gerade rechtzeitig – Adonis war schon im Sprung wie jetzt die Kinder vom Baumstamm – ließ Poseidon durch ein Rinnsal die Strahlen der goldenen Mandel brechen. So hatte Adonis noch einmal Glück gehabt.

Natürlich war das Ränkespiel damit nicht beendet, denn Artemis ließ keine Ruhe und bat ihren Kollegen Ares, den Kriegsgott, oben am Wasserfall einen Felsen zu lösen. Der sollte Adonis, der unten friedlich seine Schwimmübungen zum Erhalt des vorbildlichen Körpers absolvierte, dann erschlagen. Poseidon erwies sich einmal mehr als echter Helfer in der Not, denn er fing den fallenden Stein ab, bevor er Unheil anrichten konnte. Ares platzte der Kragen und er verwandelte sich in einen wilden Eber, wie schon zuvor erwähnt. So fand Adonis seinen Tod bei der Jagd auf der Halbinsel Akámas, als das Wildschwein ihm zu nahe kam. Der tote Jüngling zog zwangsläufig in die Unterwelt ein zu seiner Teilzeitgeliebten Persephone, die schon sehnsüchtig wartete.

Pámbos kann diese Geschichten nicht nur nachspielen, denn er ist schon in viele Rollen geschlüpft in seinem Leben, sondern auch an die Wünsche der Gäste anpassen. Nach und nach will der Adonis-Bad-Besitzer das Kollegium der olympischen Götter in überlebensgroßen Nachbildungen in die Landschaft stellen. Satyr, der lüsterne Gegenspieler der Nymphen, leuchtet schon in Weiß oberhalb der Wasserfälle.

Noch schöner leuchtet das Adonisröschen. Es entspross den Tränen der Aphrodite, die den (vorübergehenden) Tod ihres Geliebten beweinte. Das Teufelsauge, wie es manche auch nennen, erinnert nicht nur an seine Auferstehung, wenn er aus der Unterwelt wieder auf dem Weg zu Aphrodite ist, sondern erfreut den Betrachter regelmäßig im Frühjahr durch ihr Gelb. Es gibt aber auch rot blühende, die in Deutschland zu den bedrohten Arten zählen. Das Heilkraut, das treffenderweise gegen Herzbeschwerden hilft, ist der Sage nach vom Blut des Jünglings verfärbt, als ihn der Eber getötet hatte.

Für Herz und Schmerz hat Zypern also genug zu bieten – Aphrodite und ihrem Geliebten sei Dank!

Die Radkappe

Wenn plötzlich vor der Rückgabe am Leihwagen etwas fehlt

Wer auf Zypern mobil sein will, greift leicht zum Leihwagen. Das Straßennetz ist mit Autobahnen überzogen, jedenfalls im südlichen Drittel der Insel, mit einem Abstecher nach Nikosia. Es gibt auch viele passable kleinere Straßen, noch mehr unwegsame Routen, und das Benzin ist etwas günstiger als in Mitteleuropa.

Jürgen und Henry entschieden sich für so einen kleinen roten Flitzer. Wobei der Begriff nichts mit der wirklichen Geschwindigkeit dieses Kompaktautos zu tun hat. Es ist eher ein »Rentner-Auto«, langsam und am Berg eine Schnecke. Solche Kompaktautos baut fast jede Autofirma. Sie unterscheiden sich oft nur durch das Emblem des Herstellers – jedenfalls für Laien wie die beiden. »Du hättest einen Geländewagen gebraucht«, sagt Jürgen, als Henry nach den ersten Probekilometern rechts abbiegt zu den Bädern des Adonis. Sie liegen nicht weit von der Coral Bay im Westen Zyperns und sind ein Ziel für Freunde des Picknicks und des Planschens.

Augenblicklich ist der Asphaltbelag zu Ende. Es geht über Steine, Geröll und Sand, durch Pfützen mit unbekannter Tiefe und an Baumwurzeln vorbei. Im Reiseführer steht: »... dann weist ein Schild auf eine holprige Piste, die alljährlich im Frühjahr ausgebessert wird.« In diesem Jahr war das Frühjahr schon vorüber – oder galt dieser »steile Feldweg für Geländewagen«, wie ihn die beiden Gäste aus Deutschland gerade tauften, schon als ausgebessert? Der rote Flitzer mit der geringen Bodenfreiheit hätte auf den rund vier Kilometern bis zu Adonis sicher öfter aufgesetzt. Doch im Kriechgang mit vielen Halts zum Aussteigen und Unter-das-Auto-Gucken ging alles glatt. Keinen Kratzer bekam das geliehene Wägelchen ab, es war nur übersät von Schlammspritzern. Auf solche wäre jeder Geländewagenbesitzer stolz, der mit seinem schweren Wagen doch nur durch die engen Gassen der Großstadt brettert. »Seht mal, ich war mit dem im Gelände«, schreien die Spritzer in den Verkehr hinein, und der Fahrer buhlt um anerkennende Blicke, was er doch für ein toller Allrad-Freak sei.

Jürgen hatte noch keinen anerkennenden Blick im Angebot. Er saß etwas demütig auf der »falschen Seite« im Auto. Jedenfalls versuchte er immer rechts einzusteigen – auf der Fahrerseite. Er schlug dann genervt die Tür zu, ging um die Motorhaube und machte es sich auf der linken Seite im Auto bequem. Zypern hat Linksverkehr – eine ständige Erinnerung an die (einstige) britische Herrschaft. Der Fahrer sitzt rechts. Jürgen wollte auf keinen Fall fahren – auf der falschen Straßenseite. Da käme er mit links und rechts durcheinander, gab er zu verstehen. Und weil das vielen Ausländern auf Zypern so geht, stehen an den wichtigsten Sehenswürdigkeiten in der Landschaft Warnschilder am Straßenrand: »Bitte links fahren!«

Deutsche sind oft als Pedanten verschrien. Jürgen und Henry erfüllten das Klischee insofern, als sie tatsächlich kurz nach dem Empfang Fotos vom Leihwagen machten, wie er so schön vor dem Hotel stand und seine Beulen und Schrammen in der Sonne leuchteten. Bei der Rückgabe könnten die beiden Deutschen dann das übliche »wir waren das nicht« gleich mit optischen Beweisen untermauern. Jetzt aber ging es auf die Autobahn. Links in den Kreisel fahren, dann rechts herum, an der nächsten Kreuzung Vorfahrt beachten, denn rechts vor links gilt trotz des Linksverkehrs.

Jürgen hatte den Auftrag, den Fahrer die ersten Kilometer immer wieder ans Linksfahren zu erinnern. Er kam dem immer spätestens dann nach, wenn frontal ein Auto entgegenkam. Auf der Autobahn passierte das zum Glück nicht, aber auf manchen Nebenstraßen. Zur Entlastung sei gesagt: Die Zyprioten fahren manchmal rechts, manchmal links. Nur lässt sich beim Autofahren in diesen Fragen genauso wenig ein Kompromiss finden wie man den Übergang zum Fahren auf der anderen Seite – Rechtsverkehr – schrittweise gestalten könnte. Rechts oder links, das muss eindeutig sein.

Weiter auf der Autobahn! Schlaumeier haben ausgerechnet, dass Zypern die höchste Autobahndichte in der Europäischen Union hat: Die 341,6 Kilometer Autobahn der Insel verteilt auf die im Süden lebenden achthundertfünfundachtzigtausend Bewohner ergibt für jeden von ihnen achtunddreißig Zentimeter Autobahn (im Norden gibt es keine). In Deutschland sind es hingegen nur 15,6 Zentimeter. Aber das ist pure Taschenrechnerei. Viel wichtiger: Es sind keine Mautgebühren zu zahlen. Es darf höchstens hundert Stundenkilometer auf Autobahnen gefahren werden. Es ist verboten, während der Fahrt zu telefonieren und zu rauchen.

Der rote Flitzer wird nun doch langsam seinem Namen gerecht: Auf dem Highway nach Osten Richtung Larnaka geht es bergab. Die Hunderter-Marke hat er hinter sich gelassen, da überholt ein Zypriot. Radarschilder tauchen auf. Der Fremde geht vom Gas, der Einheimische senkt seinen rechten Fuß tiefer. Die Blicke aus dem vorbeiziehenden Auto auf den langsamen Ausländer mit dem Leihwagen sind böse. Es scheint ein wichtiger Geschäftstermin zu sein, vielleicht im fernen Nikosia, der den Mann am Steuer beschleunigen lässt. Bloß nicht aufhalten lassen von diesen langsamen Ausländern, könnte er denken. Ein Leihwagen ist sofort an seinem Nummernschild zu erkennen: Es ist orange und trägt schwarze Schrift. Die Privatautos haben weiße Nummernschilder mit schwarzen Buchstaben und Zahlen.

Später, als die beiden im Dunkeln aus dem Gebirge auf einer Nationalstraße ins Tal hinabfahren, ist es ein Zypriot, der so langsam vor dem roten Flitzer herfährt, dass Henry ständig bremsen muss. Diesmal haben es die beiden jedoch eilig. Überholen ist auf fünfzig Kilometern wegen der Kurven nicht möglich. Endlich sehen sie die Person im Gegenlicht durch die Scheiben ihres Autos. Der Schatten verrät: Sie hat das Handy am Ohr. Vielleicht erklären sich so auch die kleinen Schlenker in den Gegenverkehr.

Tage später, als Jürgen und Henry in der Stadt Polis ihren Kompaktwagen in einer Lücke geparkt haben, fällt ihnen auf: Die Radkappe links vorne fehlt. Den ordentlichen Deutschen geht durch den Kopf, wie peinlich nun die Rückgabe des Autos sein muss. Wie sollen sie das begründen? Wie können sie da ohne Zuzahlung herauskommen? Wo könnten sie vielleicht eine nachkaufen, die genau auf dieses Rad passt? Es ist Freitagabend.

»Lass uns zum Campingplatz zurückfahren, wo wir während unserer Wanderung geparkt haben«, schlägt Jürgen vor, »da muss sie auf dem steilen Wegstück abgefallen sein.« Tatsächlich hatte Henry das Auto vielleicht nicht ganz vorschriftsmäßig am Rande einer Grünfläche geparkt, bevor sie auf der Akamas-Halbinsel zu einer Rundwanderung aufbrachen. Die Dauercamper unter den Bäumen wirkten irgendwie unzufrieden, doch warum sollten sie eine Radkappe stehlen?

War es die Aussicht, die fünfzehn Euro, die so eine Radkappe kosten kann, zu sparen oder der sportliche Ehrgeiz, das Auto wieder vollständig zurückzugeben? Henry und Jürgen fuhren die paar Kilometer von Polis nach Westen an der Küste entlang bis zum Endpunkt, wo sie geparkt hatten. Es dämmerte schon – draußen. Ihnen dämmerte, dass sie selbst mit der Strahlkraft des Handys im Gebüsch rechts und links des Weges sowie am früheren Parkplatz des Autos keine Radkappe finden würden. Allerlei Unrat geriet in die beiden Lichtkegel aus den Mobiltelefonen, aber von Autoteilen, die auch nur entfernt an Radkappen erinnern würden, war nichts dabei. Sie fuhren zurück Richtung Polis, denn da sollte es eine Tankstelle geben. »Vielleicht haben die Radkappen«, hoffte Jürgen.

Sie hatten nicht nur keine Radkappen, sie hatten vor allem gerade geschlossen. Um achtzehn Uhr und am Wochenende wird auf Automatik umgestellt. Das ist bei den meisten Tankstellen der Insel so. Von da an schiebt man Euroscheine in einen Schlitz. Das Benzin sprudelt so lange, bis das Geld aufgebraucht ist. Diese Prozedur stand den beiden Autoausleihern morgen bevor, denn sie wollten den Wagen aufgetankt zurückgeben, um die hinterlegte Kaution von fünfundsiebzig Euro für die Tankfüllung zu erhalten. Doch jetzt stand ihnen der Sinn nach Radkappen.

Der lange Weg durch die Berge zurück Richtung Pafos gab den beiden Gelegenheit, alle Rückgabevarianten für das Auto mit und ohne Radkappe gedanklich durchzuspielen. Plötzlich war links Licht in einer Art Werkstatt zu erkennen. Sie hielten. Als die Frau im Laden erfuhr, was die beiden wollten, zeigte sie auf einen Mann draußen. Der stand vor seinem Pick-up und blickte hoch. »Nein, Radkappen können Sie erst wieder Montag früh in den Autowerkstätten in Pafos kaufen«, war seine glasklare Antwort. Doch er hatte noch einen Tipp bereit, der ein wenig seine Denk- und Lebensweise widerzuspiegeln schien. »Bei der Rückgabe des Autos stellen Sie sich einfach auf die andere Seite, auf die, wo noch beide Radkappen da sind«, riet der Zypriot. »Vielleicht merkt es niemand.«

Die beiden Fremden waren überrascht. So viel praktische Weisheit hatten sie nicht erwartet. Als ordentliche Ausleiher verwarfen sie jedoch diese Option bald. Inzwischen rollte das Drei-Radkappen-Auto in die Vororte von Pafos. Die Autosalons strahlten im Licht der Scheinwerfer. Werkstätten hatten längst geschlossen. Henry hielt vor einem schicken Ersatzteilverkauf. Hunderte von Radkappen in allen Farben und Formen leuchteten durch die riesige Glasfront. Bei dem Schild der Öffnungszeiten wurde es dann düster: Montag ab acht Uhr dreißig. Den Leihwagen aber sollten sie schon Sonntag um zehn Uhr zurückgeben.

Ohne die Radkappe erreichten sie das Hotel. Am Sonnabend tankten sie an einem Automaten, denn wenigstens der Tank sollte voll sein. Schon flackerte die nächste Frage auf: Wie viel passt noch hinein? Zwanzig Euro investieren, und der Tank läuft über – das wäre zu schade. Zehn Euro hineinschieben in den Schlitz am Tankautomaten, und die Tankanzeige steht hinterher nicht ganz oben

– das wäre dumm. Ein junger Mann, der sich als Tankhelfer zu erkennen gab, wusste Rat. Er schaute auf die Anzeige im Armaturenbrett und verriet: »Das sind zehn oder zwanzig Euro, die da an Benzin reinpassen.« Bravo!

Während Henry erst einmal für zehn, dann noch einmal für zehn Euro Benzin in den Tank laufen ließ, verwickelte Jürgen den Mann in das Radkappen-Problem. »Ja, drinnen im Laden gibt es welche«, bestätigte er und riet, doch morgen früh um sechs Uhr fünfzehn hier zu sein, dann komme sein Chef und hole das Geld aus den Automaten. »Der schließt den Laden auf und verkauft Ihnen die Radkappe, wird etwa fünfzehn Euro kosten«, prophezeite der Tankhelfer.

Die Idee, am Sonntag um sechs Uhr fünfzehn an einer verlassenen Tankstelle auf Zypern auf einen Chef zu warten, verwarfen die beiden dann doch. Lieber wollten sie bei der Übergabe offensiv auf den Verlust der Radkappe eingehen. Mietwagenanbieter sind schließlich einiges gewohnt. Sie müssen eine Extraversicherung mit dem Kunden abschließen, wenn er in den türkisch besetzten Norden der Insel fährt. Bei einem Unfall werden trotzdem nur Schäden am anderen Auto ersetzt, nicht am Leihwagen, wie der Vermieter erläutert hatte. Fahrer unter fünfundzwanzig Jahren, die weniger als drei Jahre den Führerschein haben, müssen sich ebenfalls extra versichern. Von einer Radkappen-Versicherung war natürlich nie die Rede, warum auch?

Es wird Sonntag. Jürgen hat sich die Fotos noch einmal angesehen. Das rote Auto mit den Schrammen ist aus mehreren Winkeln zu sehen. Nur eine Ansicht fehlt – die vorn links. »Das heißt, wir wissen nicht einmal genau, ob bei der Übernahme da überhaupt eine Radkappe dran war«, prustet er hervor. Es wird neun Uhr dreißig. »Immerhin können wir den vollen Tank zeigen«, sagt Jürgen, der Henry jetzt minutiös auf das Übergabegespräch mit dem Autoverleiher vorbereitet hat. Es ist zehn Uhr. Er steht im Foyer des Hotels. Was für ein Moment, auf den mehr als vierundzwanzig Stunden alles zugelaufen war! Der lächelnde, wendige Mann hat schon die fünfundsiebzig Euro Benzinkaution abgezählt in der Hand. Er drückt sie Henry vertrauensvoll in die Hand, bevor der überhaupt den Schlüssel übergeben hat, und sagt: »Das Auto steht ja da, alles okay.« Jürgen und Henry pocht das Herz. Sie wollen zu einer ihrer sorgsam vorgefertigten Erklärungen ansetzen. Jetzt stehen sie verblüfft da. Sie drücken ihm den Autoschlüssel in die Hand und pressen ein »thank you« hervor. Der Verleiher lächelt noch und verschwindet ein paar Sekunden später mit freundlichen Grüßen. Er muss zum nächsten Termin. Liebenswert, diese Zyprioten.

Goethe im Niemandsland

Mitten in Nikosia liegt eine Quelle deutscher Kultur

Der grüne Bücherschrank steht draußen vor der Tür. Der Leiter des Goethe-Instituts in der Markos Drakos Avenue in der geteilten Hauptstadt Nikosia hat ihn beim Aufräumen im Haus gefunden und gesagt: »Da sollen Bücher von uns hinein, kostenlos für jeden zum Mitnehmen und Lesen. Dafür kann jeder wieder andere Bücher mitbringen und hineinstellen.« Dieser offene Bücherschrank ist der Renner geworden. Vierundzwanzig Stunden am Tag, sieben Tage in der Woche steht die deutsche Literatur jedermann gratis zur Verfügung. Es ist das Jahr der offenen Büchertür. Da wartet neben dem »Tod in Venedig« die »Konferenz der Tiere« auf neue Leser. Werke deutscher Schriftsteller stehen neben einem Reiseführer über die Ostseeküste. Es liegen Videos und DVDs auf den Brettern. Bildbände und Kochbücher, Fachbücher sowie Romane – alles dient dazu, sich vom Deutschen faszinieren zu lassen.

Das tun immer mehr Menschen auf Zypern – sowohl im türkisch besetzten Norden als auch im griechischen Süden der Insel. Und Goethe liegt sozusagen mittendrin. Zwischen den Linien, zwischen der türkischen und der griechischen Seite, da öffnet sich das Institut allen. So versteht es sich auch – Goethe im Niemandsland. Das heißt neutral sein, erreichbar für alle. Die Besucher können hier Lesestoff und Deutschkurse finden, Kultur und Anregung, ohne sich schrägen Blicken aussetzen zu müssen, ohne durch den Eintrag in Kontrolllisten stigmatisiert zu werden, die später bei irgendwelchen Geheimdienstaufsehern landen.

Rund dreihundert Schüler gibt es jetzt, die hier im Niemandsland Deutsch in den Kursen des Goethe-Instituts lernen. Um zwanzig Prozent sind die Zahlen in jüngster Zeit gestiegen. Deutsch ist gefragt. Viele wollen wissen: An welcher deutschen Universität kann ich am besten Medizin studieren? Welche liegt im Schiffbau auf Platz eins? Die Lehrer am Institut tun sich meist schwer, darauf zu antworten. Sie wissen, das Denken in solchen Wertungsskalen kommt aus den USA und Großbritannien. Doch diese Länder haben ihre Studiengebühren drastisch erhöht. Sie sind nicht mehr das uneingeschränkte Ziel junger Menschen aus aller Welt. So wollen auch viele Zyprioten gern nach Deutschland. Manche haben vor, als Arzt oder Ingenieur wieder zurückzukommen. Andere träumen von fernen Ländern, vom Arbeiten im Wirtschaftswunderland, wozu sie Deutschland an erster Stelle zählen.

Hier sind Deutsch als Fremdsprache oder das Goethe-Zertifikat C 2 gefragt, die zentrale Oberstufenprüfung, das Kleine oder das Große Deutsche Sprachdiplom. Dies ist der sprachliche Türöffner, um für deutsche Hochschulen zugelassen zu werden. Das wollen die meisten Schüler, abgesehen von denen, die sich vielleicht besser mit deutschen Touristen unterhalten und sie auf Zypern in deren Sprache willkommen heißen wollen.

Björn Luley, der Leiter des Goethe-Instituts, sitzt in seinem Büro in dem alten Haus zwischen den Linien und erzählt, was er bei seinem Amtsantritt im Juni 2011 dort vorfand, denn das Institut war 1999 geschlossen und als Goethe-Zentrum weitergeführt worden. Er hat nicht nur den Bücherschrank beim Aufräumen gefunden. Er hatte kein Geld für eine Bibliothekarin und wagte einen mutigen Schritt: Er löste die eigentlich bereits 1993 geschlossene Bibliothek ganz auf. So kamen auch einige der Bücher in den grünen Schrank draußen. Viele Hundert aber gab er der Deutschabteilung an der University of Cyprus in Nikosia. Die fiel ihm sozusagen um den Hals. »Wir sind überglücklich«, gluckste der Direktor und dankte dem Schenker bei einer großen Feier. »Wir hatten ein oder zwei Ausleihen im Monat«, gibt Luley in kleiner Runde zu, »jetzt haben die Bücher an der Uni eine größere Wirkung.« Manche Bücher waren noch in Plastikfolie verschweißt – also nie ausgeliehen und gelesen worden. Ähnlich verfuhr er bei den Schallplatten, die teilweise noch aus den sechziger Jahren stammten. Musikliebhaber legen die Raritäten jetzt auf und erfreuen sich zum Beispiel an frühen Aufnahmen mit Daniel Barenboim.

In Luleys Büro tut sich etwas. Auch hier wird

aufgeräumt. Die dicken Kabelstränge an den Wänden sind verkleidet. Ein schickes Goethe-Plakat ziert die dunkle Holzvertäfelung. Darauf ist ein Frauenarm zu sehen, der sich liebevoll um den Hals einer schlohweißen Büste des deutschen Denkers legt. Diese hübsche Geste scheint ein Synonym für das Haus zu sein. Es versprüht den Geist des Aufeinanderzugehens, des gegenseitigen Verstehens und des geneigten Umgangs miteinander. Gerade Deutschland mit seiner Erfahrung eines geteilten und dann wieder vereinigten Landes hat Zypern viel zu bieten – kulturell vor allem. »Menschliches Zusammenleben ist eine kulturelle Leistung«, unterstrich der Präsident des Goethe-Instituts, der zur Wiedereröffnung des Hauses aus Berlin angeflogen kam. Da ist die Lage des Gebäudes, das das Goethe-Institut gemietet hat, mitten zwischen den türkischen und den griechischen Kontrollposten, ideal. Zu den Lesungen und Vorträgen kommen viele Menschen aus Nord und Süd. Es scheint fast so, als verbände das Institut von hier aus an der Schnittstelle von Orient, Afrika und Europa die kulturellen Strömungen ein wenig. Und darauf versteht sich kaum jemand besser als Björn Luley, der lange Zeit ein paar Kilometer weiter östlich für Goethe aktiv war – im syrischen Damaskus.

Gerade ist der deutsche Autor Uwe Timm zu Gast. Er liest aus seinem 2005 erschienenen Roman »Am Beispiel meines Bruders«. Nachdem er auf Deutsch vorgetragen hat, werden auch Ausschnitte der griechischen und türkischen Übersetzung verlesen. Die Zuhörerschar ist gebannt. Sein Buch handelt von Timms Bruder, der Soldat im Zweiten Weltkrieg war und in Russland umkam. Es befasst sich mit Gewalt, Kriegsgräuel, Gehorsam und Gewissen – alles Themen, die auch die Menschen auf Zypern hautnah beschäftigen. Zwar stehen hier die Zeichen auf Entspannung, doch noch immer durchschneidet eine lächerlich erscheinende Grenze die Hauptstadt der Insel. Meist freundliche Soldaten bewachen die »grüne Linie«, die man zwar mit Passkontrolle überqueren darf, die aber trotzdem schmerzlich trennt.

Luley klagt derweil über kalte Füße. Der Institutschef zeigt auf die Klimaanlage, die dicht unter der Zimmerdecke angebracht ist. Aus einem kleinen Schlitz bläst sie heiße Luft ins Nichts und erwärmt so eine dünne Luftschicht unter der Decke. Der restliche Raum darunter behält seine winterliche Kühle. Mag das Gerät im Sommer die warme Luft wegsaugen, jetzt, im Januar und Februar, soll es das Büro heizen. Doch wer sitzt schon direkt unter der Decke?

Das neue Kulturprogramm liegt vor. Henrietta Horn, eine der bekanntesten deutschen Choreografinnen, ist zu Gast auf der Insel. Eine Woche lang unterrichtet sie zypriotische Tänzerinnen und Tänzer an der Universität von Nikosia – auf Einladung des Goethe-Instituts. Zusammen mit dem Dance Gate Lefkosia Cyprus erarbeitet sie eine kleine Choreografie. Henrietta Horn kann Gefühle tanzen.

Wer je ihre Körperbewegungen zur Harfenmusik gesehen hat, ihren eindrucksvollen Zweikampf, ihre Gesichtspoesie und ihren blitzschnellen Stil, der ist entzückt. Er verlangt, augenblicklich mitzumachen. Er möchte selbst tanzen und sich betanzen lassen. Deutsche Kultur kann noch betören.

Russisch Karaoke

Limassol bietet dem Urschrei des Lebens das passende Mikrofon

»Ra, Ra, Rasputin, Lover of the Russian Queen.« Die jungen Blondinen Irina und Anastasija singen im Kellerlokal einer Gasse der südzypriotischen Hafenstadt Limassol lauthals den Klassiker der Gruppe Boney M. in ihr Mikrofon. Er ist älter als sie. 1978 kam der Hit auf den Markt, zusammen mit ihrem »Brown Girl in the Ring« und »Mary's Boy Child«. Die beiden zwanzigjährigen Russinnen schmettern nicht nur den auch in der damaligen Sowjetunion berühmt gewordenen Rasputin-Schlager. Sie singen Karaoke quer durch die russische Hitparade.

Von Stas Michajlow, der mit seinen Texten von Rosen, roten Lippen und tiefer Leidenschaft die Schlagergemeinde verzaubert, bis Valery Meladze reicht das russische Repertoire. Über Liebe, Leid und Lust geht es durch die Höhen und Tiefen der russischen Seele. Wer will nicht einmal für vier Minuten Meladze sein? Selbst das »Se La Vi« von 2003 singt sich heute noch so prickelnd. Mit wenigstens einer der drei Frauen aus der Girl Group »Nu Virgos«, mit der Meladze auf den Leinwänden zu sehen ist, kann sich fast jede Sängerin identifizieren. Die Karaoke-Frauen von Limassol zeigen beim Absingen vom Bildschirm hingebungsvoll, was in ihnen steckt – gesanglich und gymnastisch.

Der Beamer unter der Decke zaubert Bilder auf eine große Leinwand, auf der die kyrillischen Liedzeilen in Gelb erscheinen und sich blau einfärben, sobald sie gesungen werden. Von den Wänden leuchten Hammer und Sichel als Erinnerung an die Sowjetunion. Russian Karaoke Bar – das ist der Heimathafen für die Schar junger Gäste aus dem zweitausendvierhundert Kilometer nördlich liegenden Moskau. Nach den Briten liegen die russischen Touristen auf Platz zwei bei den Ankünften auf Zypern, und die Zuwachsraten bei ihnen sind zweistellig. Erst waren es die Briefkastenfirmen, über die in der Hafenstadt viele Geschäfte abgewickelt werden, die Russen anzogen. Die vielen *business men* brachten dann gleich die Familien mit. Was sich heute im Straßenbild der mit Millionenzuschüssen aus dem Topf der Europäischen Union aufgemöbelten Innenstadt tut, ist sehenswert. Cafés und Restaurants grenzen an Läden der Extraklasse. Durch die Luxusläden stöckeln kurzröckige Frauen, umgeben von einem Duftschleier. Lange Wimpern und Fingernägel scheinen sie als Ikone des Wohlstands oder süßen Nichtstuns zu verstehen. Sie tuscheln. Sie mögen kaum ihre flachen Mobiltelefone aus der Hand legen, über die die nächsten Verabredungen eingehen. Sie können Englisch lesen und sprechen Russisch. Sie sind Single und weltoffen. Sie kommen auch paarweise und wollen Leben tanken.

Der Geruch von russischem Rauchtee, den jemand im Samowar bereitet hat, zieht durch ein Lokal. Eine »Lady in Black« setzt sich und überkreuzt die Beine, sodass kurz tiefere Einblicke möglich sind. Offenherzig ist sie obendrein, denn die Bluse, frisch importiert aus Paris, betont die Rundungen, glänzt durch Weglassen einiger Partien und ist transparent. Sie hat offensichtlich eine enge Vertraute über die drahtlose Telefonverbindung herbeigerufen. Es gibt reichlich Küsschen. Die strahlende Fee im Hosenanzug setzt sich zu ihrer Busenfreundin. Sie tratschen und tuscheln. Sie lachen und gackern. Sie versprühen eine fröhliche Beschwingtheit, als hätte die Welt sie soeben aller Sorgen entledigt.

Gegenüber entsteht gerade die Limassol Marina. Teure Häuser in bester Uferlage mit Schwimmbad und Anleger für die Jacht sind bezugsfertig. Bilder öder Fischerhütten und vergammelter Frachter, die es früher hier gab, gehören in die Erinnerungsschatzkiste des Stadtarchivs. Wenn die Bauarbeiter ihre Container abtransportieren, dann tummeln sich bald die Reichen und Schönen der östlichen Welt endlich standesgemäß in der Nähe des Ankerplatzes ihrer millionenschweren Konten. Der industrielle Teil des Hafens hat bereits große Dimensionen. Hier machen lange Containerschiffe fest, deren gestapelte Transportkästen oft chinesische oder dänische Namen tragen. Stückgutfrachter werden mit Kränen entladen. Die im fünften Jahrhundert von den Römern gegründete Stadt hatte schon immer einen florierenden Handelshafen. Er scheint sich auf neue Rekorde einzustellen. Hier rollt der Rubel. Hier wechseln Millionen Dollar täglich den Besitzer. In der größten Hafenstadt Zyperns pulsiert das Leben ohne Pause.

Nirgends sonst auf der Insel wird so ausgelassen Karneval gefeiert wie hier. Gaukler, Musikanten und leicht gekleidete Funkenmariechen tanzen über das Pflaster. Figurengeschmückte Wagen locken die Blicke an. Im Mai ist Blumenparade, im August Tanzfest mit Folklore. Die Hotels pflegen internationalen Standard und reihen sich am Kiesstrand Richtung Nordosten auf. Das eine wirbt mit mehreren Gourmettempeln im Haus, das andere mit der weltbesten antiken Badelandschaft. Wein und Wodka fließen ohnehin in Strömen. Chinesische, indische und amerikanische Restaurants stehen friedlich nebeneinander. Und was sich hinter Schildern wie »Topless« verbirgt, verlangt wenig Fantasie. Hier scheinen Männer alles zu finden, was sie unter Spaß verstehen.

Wenn Väterchen Frost noch weite Teile Russlands im Griff hat, lassen sich hier schon Minirock und T-Shirt tragen. Wer nicht gerade am Schwarzen Meer ein paar schöne Tage verbringen möchte, ist aus russischer Urlaubsplanersicht mit dem günstigen Zypern schnell und gut bedient. Viele reisen auch ihrem Geld hinterher, das vielleicht schon längst in der Russian Commercial Bank von Limassol in einer gewinnträchtigen Anlage Freunde gefunden hat. Jedenfalls verstehen es die dortigen Banker, einen so großen Kapitalfluss auf das Eiland zu lenken, dass bei den jüngsten Finanzturbulenzen Moskau großzügige Kredite an Zypern vergab, um das hier geparkte Geld vor dem Untergang zu bewahren.

In der Karaoke-Bar beherrscht jetzt Ani Lorak die Leinwand. Die ukrainische Sängerin mit den langen schwarzen Haaren und dem weiß funkelnden Kurzkleid stößt ihr englisches »Shady Lady« armrudernd in die Arena. Irina und ihre Freundin Anastasija reiben ihre Hüften aneinander. Die Bässe hämmern. Ihre Stimmen werden lauter. »Are you ready?«, singen sie nach Anis Vorgabe meisterhaft echt. Sie gewinnen die Hoheit in dieser Gesangsecke im Gewirr der Geräusche. Die ersten Zuhörer applaudieren. Jetzt umarmen sich die gerührten Sängerinnen und pressen ihre Lippen so eng ans Mikrofon, als wäre es mehr als ein Fetisch. Ein »Schlangenbiss« wird serviert. Das ist Wodka mit Apfelschorle und Erdbeersirup. Das süße Geheimnis wird in seiner Wirkung leicht unterschätzt, so unauffällig verhält sich zunächst der Alkohol darin. Dann kommt Red Bull und Grenadine-Sirup zum Wodka, was unter dem Mäntelchen »Natascha« den Bartresen verlässt. Danach ist »Roter Oktober« dran. Erst der Tabasco im folgenden Drink verrät, wie hart »Das wahre Leben« wirklich ist, denn so heißt dieses Alkoholgemisch auf Wodka-Basis.

Etwas benebelt wird dann getanzt. Die Clubs liegen oft in Strandnähe. So geht dann drinnen und draußen die Post ab. Hier treffen Menschen aus allen möglichen Ländern zusammen. Der Zuspruch zur wummernden Musik scheint nur vom jeweiligen Alter abzuhängen. Johlen, mitsingen und tanzen vereint. Die Nachtaktiven erobern Limassol. Vasilis bittet mittwochs ab einundzwanzig Uhr zum Freisingen, wahlweise auf Griechisch, Englisch oder Russisch. Die Lust, sich ungehemmt als Gesangsstar zu präsentieren, scheint ungebrochen zu sein. Manche Stimmchen mutieren zu kehligen Brunftschreiorganen. Gelegentlich entpuppt sich eine Mimose als Rampensau. Beim »weißen Tanz« fordern schließlich Damen irgendwelche Männer auf, die urplötzlich ein Lächeln überfällt.

Es wuseln küssende Paare durch die abwechselnd in Regenbogenfarben leuchtende Scheinwerferparade. Künstlicher Nebel, der unerwartet aus den Ecken wabert, verhüllt peinliche Knutschszenen. Ein sibirischer Tänzer verbiegt sich so extrem, dass der in Russland typische Tanz Kasatschock als Vorübung bei Weitem nicht ausgereicht haben kann. Dazu stößt er röhrende Laute aus. Sein Handy am Ohr könnte Verbindung zu einer Telefonsexanbieterin haben. Weiter hinten trommeln sich ein Kiewer und eine junge Frau aus Edinburgh durch die Nacht. Vorn links verwechselt ein St. Petersburger ständig seine Knie mit denen einer schwarzhaarigen zypriotischen Schönheit neben sich. Plötzlich sind wieder Irina und Anastasija da, die sich vorhin im anderen Club zusammengesungen haben, und beginnen einen Engtanz.

Wer jetzt nicht schwach wird, wird es niemals mehr. Es ist getanzte Lebensfreude. Den Leibern gehört die Nacht. Engel treffen Teufel. Lackschuh tanzt mit Riemensandale. Schattengestalten, die aus dem Casino herüberkommen, führen ihr Zockertum im Wettbewerb um die heißeste Königin des Abends ruchlos fort. Limassol bietet dem Urschrei des Lebens das passende Mikrofon.

Putzfrauen-Blues in Coral Bay

Aus dem harten Leben der fast unsichtbaren Helferinnen

»Nä, nä, nä«, ätzt der junge Mann mit dem Dreitagebart und dem halb leeren Kaffeebecher an den Lippen. Eine fast doppelt so alte Frau, offenbar seine Chefin, erteilt ihm Aufträge. Die Pflanzen, allesamt aus Plastik, müssen in andere Kübel unten im Hotel getopft werden. Das habe sie ihm schon vergangene Woche gesagt, klärt ihn die Vorsteherin der Putzkolonne auf. Im Griechischen heißt »nä« bekanntlich »ja«. Doch das macht die Kurzantworten des Mannes nicht besser. Sein Ja klingt wie ein Nein.

Für die Herrin über die fünfzehn »Putzteufel« eines hübschen Strandhotels in Coral Bay im Westen der Insel ist es ohnehin ein schwieriger Morgen. Unten am Schwimmbad haben sich schon um halb acht zwei Hotelgäste ins Wasser geworfen. Sicher, sie wollen vor dem Frühstück schwimmen. Das Schild klärt aber eindeutig die Planschstunden: »Pool hours 9.30 until 20.00.« Doch Xenia, so heißt die Anführerin der Sauberfrauen, hat eine Ahnung, wie wichtig der Tourismus für Zypern ist. Sie schreckt gegenüber den beiden schwimmenden Gästen vor einem Wortschwall in einer Lautstärke wie zu dem jungen Jannis zurück. Angesichts des Fünfmeterabstands zu ihm war die Phonzahl eindeutig zu hoch und wäre eher für einen Kasernenhof angemessen gewesen.

Daphne und Medea haben derweil die Plastikpalme abgestaubt. Sie wischen den Fliesenfußboden rund um das Schwimmbad, in dem jetzt hohe Wellen davon zeugen, wie ernst die beiden deutschen Männer es mit ihren zehn Minuten Frühsport meinen. Die beiden Zypriotinnen bewerten den Krauleinsatz hingegen mit abwertenden Blicken. Immerhin sind hier ja Luft und Wasser geheizt. Erst gestern waren Daphne und Medea mit ihren zwei Kolleginnen Augenzeuginnen, wie draußen, ja, tatsächlich draußen im Pool, eine deutsche Frau, die an sich gesund aussah, entschlossen ins kalte Wasser stieg. Sie bewegte sich tadellos als Brustschwimmerin unter den Augen einer Skulptur von Poseidon. Klaglos zog sie minutenlang ihre Bahnen stieren Blickes. Die vier Frauen standen wie versteinert da. Sie schüttelten sich und ahmten ein Zittern nach, das die Schwimmerin gar nicht vorgab. Sie war es offenbar gewohnt, wozu die vier Zypriotinnen vermutlich nicht einmal im Sommer Lust verspürten – zu schwimmen. Eine der Frauen zog sich eine imaginäre Mütze über den Kopf. Wie kann man sich nur da im kalten Wasser selbst quälen?

Unten im Schwimmbad nimmt das Unheil derweil seinen Lauf. Ein dritter Mann ist im Anmarsch. Er steuert auf die Duschen zu, die gerade mit einem Film hochtoxisch riechender Reinigungsmittel eingeweicht wurden. Am Boden sind Reste von Nüssen verteilt, die ein Gast hinterlassen haben muss. Hier und da stehen Schrubber und Eimer. Es ist eine Putzbaustelle. Der Gast aber schreckt davor nicht zurück, so viel Feingefühl legt er nicht an den Tag. Der Schwimmwillige betritt tatsächlich den Duschbereich, ungeachtet aller Hemmnisse, und duscht. Daphne lässt einen griechischen Wortschwall los, dessen Kurzform vermutlich im günstigsten Fall nahe am Ausspruch des Altgriechen Archimedes liegt: »Störe meine Kreise nicht!«

Dies ist der Moment für Xenia, Führungsstärke zu zeigen. Sie geht zum Angriff über und rammt symbolisch eine Fahne in den frisch gewischten Fußboden, die weithin sichtbar ein Zeichen der sonst unsichtbaren und verachteten Putzmacht setzt. Ihre Insignie der Reviermarkierung ist ein kniehohes gelbes Klappschild mit der Aufschrift »Caution, wet floor«. Wenn auch die Fliesen schon getrocknet, die Eimer verstaut und die letzten Wischgeräusche verstummt sind, dieses Emblem der Putzkolonne flößt auch dem Unbedarften Respekt ein. Die beiden älteren Kurzschwimmer wollen keinesfalls riskieren, hier auszugleiten. Das Zeichen entfaltet also Wirkung. Die Frühsportler – ohnehin am Ende ihrer Kräfte – lassen ihre Betätigung auslaufen.

Längst haben Daphne und Medea sich dem menschenleeren Fitnessraum zugewandt und ihre langstieligen Werkzeuge beiseite gestellt. Medea besteigt den Walker und läuft auf der Stelle, wie es sonst nur die hier wohnenden Touristen tun. Es ist Neugier gepaart mit Fassungslosigkeit, die hier bei den beiden Zypriotinnen Raum ergreift. Warum soll man sich in so eine Maschine zwängen, die einem wahlweise auch noch die Schritte erschwert, und zehn Minuten auf der Stelle treten, wenn doch in der frischen Luft draußen so viel Platz an der Küste ist? Warum soll man sich nutzlos bewegen, ohne dabei notwendige Arbeit zu verrichten wie zum Beispiel den Boden zu wischen? Entsteht so falscher Schweiß, da der echte doch nur durch ehrliche Tatkraft am Besenstiel den Körper verlässt? Die in philosophische Bahnen abgleitenden Tagträume der beiden werden durch einen Schrei Xenias zerrissen: »Oben die Fenster! Jetzt!«

Das ganze Morgenprogramm in diesem Strandhotel an der Coral Bay folgt einem System. Zeitlich und räumlich wird das Terrain von dreißig fleißigen Händen beackert. Für Freiräume ist keine Muße. Das Putzgeschwader hat sich dem Frühstücksraum genähert. Die Fenster sind das Ziel der Tücher und Lappen. Hinter der Bar steht Olga und schaut dem Treiben zu. Sie kommt aus Odessa in der Ukraine, ist seit drei Jahren auf Zypern, um Geld zu verdienen. Sie trägt Schwarz. Ihr Gesicht, bei dessen Betrachtung sich ihr Alter auf Anfang dreißig schätzen lässt, scheint einen Zeitvertrag mit der Melancholie geschlossen zu haben. Wird sie von Gästen angesprochen, klappt ein Lächeln auf. Für Sekunden durchdringen Sonnenstrahlen ihre Tristesse. Doch schnell glätten sich die Lachfalten wieder. Sie sind gar nicht zu sehen, wenn sie ihren zypriotischen Chef trifft, der gerade eintritt, und das offenbar Notwendige besprechen will. Alles, was sie über die Lippen bringt, sind Brocken in hart klingendem Englisch, denn das ist die einzige gemeinsame Sprache der beiden.

Sie geht hinaus, zieht im Abstand von zwei bis sechs Sekunden an ihrer frisch angezündeten Zigarette, trinkt einen Schluck Cola aus ihrem weißen Plastikbecher. Dann ist die Pause vorbei. Sie weht wie eine Feder durch den Barraum. Sie wischt Tische ab. Sie stellt eine Ordnung her, die vorgegeben zu sein scheint. Ihre Schuhe klackern nicht. Ihr Stühlerücken verursacht nicht die üblichen Geräusche. Ihr Tun wirkt lautlos. Doch so leise sie arbeitet, so sehr trägt ihr Verhalten alle Attribute der Rastlosigkeit. Was zog sie von der Ukraine über das Schwarze Meer durch die Türkei zur Mittelmeerinsel? Die Stundenlöhne sind hier so hoch nicht. Die Sonne empfindet sie sogar als unerträglich. »Nur der September ist wirklich schön«, quittiert sie Fragen nach der besten Reisezeit für Zypern. Wie erträgt sie die restlichen elf Monate?

Olga gehört zum fast unsichtbaren Team der Helferinnen im Hotel, die dessen Funktionen erst ermöglichen. Unbeachtet und ungeachtet versehen sie ihre Pflicht. Sie wischen jeden Morgen dieselben Stellen. Sie bürsten und fegen. Sie räumen auf. Es ist eine Endlosschleife der Staubabwehr. Es ist der tägliche Versuch, die durch den üblichen Gebrauch des Hauses und durch die Nachlässigkeit der Benutzer vorpreschende Verdreckung in Grenzen zu halten. Ihr Tun hat einen Hauch dessen, was man sich vom griechischen Helden Sisyphos als Tagwerk vorstellt – eine Aufgabe, die sich trotz größter Mühen nie erledigen lässt.

Xenia ruft. Das Geschwader sammelt sich auf der Terrasse. Neue Aufgaben warten nicht, sie liegen vor dem Scheuerlappen. Den freundlichen Gruß »Morgen« entbieten die zypriotischen Frauen den gerade vorbeiziehenden Gästen auf Deutsch. Es ist vermutlich das einzige Wort, das sie in der fremden Sprache beherrschen. Die Touristen revanchieren sich brav mit der griechischen Version: *kali méra*. Fast überrascht von so viel sprachlicher Annäherung erwidern sie ein *kali méra*. Dann hat wieder Xenia das Wort – unverständlich für alle Fremden.

Vollversammlung der Götter

Der archäologische Park Pafos – Mosaiken frisch wie von gestern

Der Fußboden der Central Bar im Flughafen von Pafos besteht aus Mosaiken, der Fußboden im Haus des Dionysos im archäologischen Park der Stadt auch. Bei aller Ähnlichkeit lebten die jeweiligen Fliesenleger rund zweitausenddreihundert Jahre zeitlich voneinander entfernt. Die schwarzen und weißen Kieselsteine, die das Meeresungeheuer Skylla formen, wurden sogar schon von den Hellenen im vierten Jahrhundert vor Christus nebeneinander gesetzt. Es sind die ältesten Mosaiken der Insel. Sie sind Teil des Fußbodens im Haus des Dionysos. Die meisten anderen Kunstwerke im archäologischen Park haben Römerhände im dritten und vierten Jahrhundert nach Christus zur Verzierung des Fußbodens in den Villen der steinreichen Oberschicht am Hafen gelegt. So wie man sich heute vielleicht Eichenstabparkett oder Carrara-Marmor als Zeichen des Wohlstands einbauen lässt, war es damals eine Art Cartoon aus Steinchen – mit nackten Frauen, wilden Tieren oder den ersten zwei Betrunkenen der Weltgeschichte.

Dass das alles ans Tageslicht kam, ist einem zypriotischen Bauern zu verdanken. Er pflügte seinen Acker etwas tiefer als sonst – das geschah erst

1962 – und stieß auf fünfhundertsechsundfünfzig Quadratmeter der farbigen kleinen Steinchen, die ein wunderbares Bild ergaben. Sie befanden sich in einer zweitausend Quadratmeter großen Villa, die allerdings längst durch Erdbeben zerstört worden war. Doch bei der in den sechziger Jahren einsetzenden Bauwut wären vermutlich heute selbst diese teuren Bodenbilder nicht mehr an ihrer Stelle, wenn nicht ein paar mutige Männer das ganze riesige Areal in bester Lage am Hafen der Stadt eingezäunt und unter Schutz gestellt hätten. Vierzehnhundert Quadratmeter an Mosaiken sind bis heute freigelegt, und jährlich werden es mehr. Es gibt noch auf Jahre Arbeit für die Wissenschaftler. 1965 waren es Warschauer Archäologen, die mit den ersten Grabungen begannen. Diese Ecke Zyperns gehört jetzt jedenfalls zum Weltkulturerbe, so wertvoll können Fußböden sein.

Die beiden erwähnten ersten Promillesünder der Welt sind auf Bild sieben in der Halle des Dionysos zu betrachten – zwei jugendliche Hirten. Der eine hält den Becher in der Hand, der andere ist schon zu Boden gegangen. Sie haben sich am Wein berauscht, der ihnen bis dahin unbekannt war. Es sind die ersten Betrunkenen überhaupt, von denen es Bilder gibt. Die haben sich die Besitzer der Villa als Mosaik legen lassen. Ob zur Warnung oder als Vorbild, das ist ungewiss. Der nächste Gott ist Gott sei Dank in Rufweite. Dionysos sitzt weiter links, trägt Efeu im Haar und hält mit beiden Händen seine Weintrauben. Ihm gegenüber liegt die fast nackte Nymphe Akme und prostet dem Weingott zu. Hinter ihr steht der Athener König Ikarios und hält zwei Ochsen am Zügel. Auf ihrem Karren liegen gefüllte Weinschläuche aus Ziegenbälgen. Ikarios gilt als Begründer des Weinbaus, der seine Kunst von Dionysos gelernt hat, dem Sohn des Zeus.

Wer weiter durch die heilige Halle schreitet, sieht ständig neue Götter. Sie alle sind hier in Bestbesetzung vertreten. Es ist ganz großes Kino. Die Architekten schienen Angst zu haben, auch nur einen von ihnen bei ihren Fußbodenarien zu vergessen und so in Ungnade zu fallen. Gleich am Eingang wartet Narziss, der schöne Jüngling. Er wehrte sich gegen die Zuneigung der Nymphen und wurde von der Liebesgöttin Aphrodite dafür bestraft. Narziss verliebte sich in sein eigenes Spiegelbild, das er an Bächen ständig sucht. Dass später aus ihm eine Narzisse wird, ist sozusagen die Abkehr von der Höchststrafe, was ebenfalls Aphrodite einfädelte.

Beim Who is Who der antiken Götter kommen auch Bilder zutage, die ganz offensichtlich als Vorlage für spätere christliche Darstellungen dienten. Christi Geburt mit der erschöpften Mutter ist so ein Bild. Es kann hier schon als Achilles-Mosaik bewundert werden. Die Dame Ambrosia kommt von links mit einer Kanne Styxwasser. Jeder, der darin badet, wird unsterblich. Heute ist der kleine Achilles dran. Die Amme Anatrophe hält zwar den Neugeborenen, doch den Badevorgang übernimmt die noch von der Geburt erschöpfte Mutter Thetis. Unglücklich packt sie den Kleinen an der Ferse, sodass Achilles an dieser Stelle verletzlich bleibt. Was für ein Pech! Drei Schicksalsgöttinnen stehen dahinter und werden Augenzeuginnen des Dramas, das immerhin namensgebend für die »Achillesferse« wurde. Als »verwundbare Stelle im System« belegt der Begriff im Synonymenlexikon weltweit einen der ersten Plätze.

Auch der Heiligenschein wird hier schon ein paar Meter weiter einmal zur Probe erleuchtet, bevor er dann in Darstellungen der Christen von ihnen ganz übernommen wurde. Der kleine Dionysos hat es sich auf dem Schoß des Hermes bequem gemacht und lässt seinen Nimbus, den Heiligenschein, über sich strahlen. Diese kreisförmige Erleuchtung hat sich bis heute in fast alle Religionen verbreitet.

Dann ist Ganymed zu sehen, ein Sohn des trojanischen Königs Tros und der »Schönste aller Sterblichen«. Zeus hatte sich maßlos in ihn verliebt. In der Gestalt des Adlers entführte ihn der Göttervater, was auf dem Mosaikbild mit gebotener Leichtigkeit dargestellt ist. Ziel des Fluges war der Olymp. Dort verschaffte Zeus ihm gleich einen Job in seiner Nähe – als Mundschenk der Götter. Diese Geschichte war nicht nur eine Vorlage für einen Lobgesang Goethes, auch am Himmel findet sich abends etwas davon wieder – als Sternbild des Wassermanns. Platon rechtfertigte mit dem Ganymed-Mythos gar die Liebe vom Mann zum

Jüngling. Galileo Galilei benannte einen Mond des Jupiters nach dem Knaben.

Wenn man dann weiter über das Gelände streift und dem Spiel der vielen Katzen in der Sonne zusieht, kommt ein römisches Forum ins Blickfeld. Es ist fünfundneunzig mal fünfundneunzig Meter groß, hat zwölf halbkreisförmige Sitzreihen und eine brauchbare Akustik. Es war einst der zentrale Hofplatz des Hafenorts Pafos. Weiße Marmorsäulen säumten die Bühne. Gleich daneben stand das Haus des Asklepios, des Gottes der Heilkunst. Der Patient wurde gebeten, im Haus der Heilkunst eine Nacht zu verbringen. Am nächsten Morgen sollte er von seinen Träumen berichten. Der Arzt übernahm die Deutung und sah darin die Wurzel seiner Therapie. Das mag nach Quacksalberei klingen, damals jedoch hatte Asklepios einen Ruf wie Donnerhall. Er konnte Tote zum Leben erwecken. Homer soll ihn im Kampf um Troja als unvergleichbaren Arzt gepriesen haben. Der als bärtiger, ernster Mann dargestellte Heilkünstler stützt sich auf einen Stab, der von einer Schlange umschlungen wird – den Äskulapstab. Er ist heute noch das Symbol der Heilkunde. Der Hahn, die Eule, die Schlange und die Zypresse waren dem Arzt heilig. Ob er sie früher alle in seinem antiken Krankenhaus auf Zypern untergebracht hatte, lässt sich nicht mehr nachprüfen – es liegt in Trümmern.

Die sind auch im nordöstlichen Zipfel des Geländes zu entdecken. Ohne Absperrung kann jeder dort schutzlos in Höhlen klettern und über

Treppen in Trümmerfelder eindringen. Was das Felsheiligtum Toumpalos, in dem heute Fledermäuse und Tauben Regie führen, früher einmal war, ist unklar. Jeder darf selbst einmal spekulieren, ob es sich hier um Badehäuser, den Weinkeller eines nicht mehr vorhandenen Palastes oder um ein Priesterseminar handelte. Zwischen Alpenveilchen und wildem Thymian schießen also auch die Spekulationen der Touristen ins Kraut darüber, was sie hier vor sich sehen. Geforscht werden kann hier wohl noch Jahrzehnte – es ist ein weites Feld.

Wo ist die sichere Bank?

Ramschniveau und Steuerparadies – ein Blick auf die Finanzlage

Wer hinein will, braucht Zeit. Die Sicherheitsschleuse der Filiale der Bank of Cyprus macht eine klare griechische Ansage. Es muss etwas in der Richtung »Knopf drücken« bedeuten. Jedenfalls nähert sich der erstmalige Bankkunde der verschlossenen ersten Tür, die sich tatsächlich nach Knopfdruck öffnet. Dann spricht die Stimme wieder mit ihm. Die Tür schließt sich. Der Eindringling ist gefangen in einem Glaskäfig, denn er hat eine zweite Tür vor sich. Und die ist verschlossen. Von außen und innen kann er wie ein Forschungsobjekt betrachtet werden. Was wird er tun? Wie laufen die nächsten Reaktionen ab? Wird er Zeichen von Nervosität aussenden? Die Frauenstimme, die im Inneren des Käfigs zu hören ist, spult in ihrer ruhigen Eleganz weiter einen griechischen Satz nach dem anderen ab. Schließlich öffnet sich die Tür zum Heiligtum. Die Bank of Cyprus heißt den Neuling willkommen.

Nun ist dies gerade ein schlechter Tag für das Bankgewerbe. Eine amerikanische Ratingagentur, die auch die Kreditbewertung von Euro-Ländern ständig den Gegebenheiten anpasst, hat gerade heute Morgen Zypern um zwei Stufen in der

Werteskala fallen gelassen. Erst neulich war das Land schon abgesackt. »Kein Problem«, hatten die Banker in Nikosia versichert, »wir haben alles im Griff.« Den Zusatz »auf dem sinkenden Schiff« ließen sie zwar weg, aber der Informierte hörte den Nachsatz deutlich. Diesmal ist es ernst. Das Rating für Angebote zypriotischer Banken bewegt sich in der Kategorie »spekulative Anlage«, was gemeinhin als Ramsch bezeichnet wird. Zypriotische Banken sind also auf Ramschniveau abgerutscht. Das ist die bittere Wahrheit von diesem Morgen.

Anastasia lächelt. Die dunkelhaarige Schönheit hinter dem Schreibtisch blickt aus ihren Akten auf und fragt den Gast höflich auf Englisch, womit ihm zu helfen sei. Der Fremde möchte zunächst wissen, ob der Bank noch zu helfen sei – Ramschniveau sei schließlich ein Tritt vors Schienbein jedes Tresorwärters. Sie lächelt wieder. »Möchten Sie ein Konto eröffnen?«, fragt sie höflich. »Das tun viele Ausländer. Sie können es online von zu Hause aus führen und sogar im Ausland Geld von diesem Konto bei uns abheben.«

Der Plan erscheint dem potenziellen Neukunden allzu durchsichtig. Die Banken am unteren Wendekreis des Geldes brauchen dringend Kapitalspritzen, und die können nur von außen kommen. Die Zinsen auf Einlagen liegen höher als in Mitteleuropa. Das soll jetzt ziehen. Und würde nur jeder zweite Gast, der seinen Fuß auf die Insel setzt, hier ein paar Hunderter auf ein Konto einzahlen, es würde dem Bankenapparat sicher helfen.

Auf den Tischen liegen bunte Broschüren von »Lebensplänen« aus, die laufende Einzahlungen empfehlen und ein wachsendes Vermögen in einer dieser – Entschuldigung – Ramschbanken erzeugen sollen. Anastasia kann da genauso wenig helfen wie der herbeieilende Alexandros. Beide reden auf den möglichen Geldbringer ein, als hätte er einen Bentley vor der Tür geparkt.

Seit Zypern im Jahr 2004 in die Europäische Union aufgenommen wurde, haben sich Tausende von Gesellschaften mit ihrem Briefkasten hier niedergelassen. Die Steueroase blühte auf. In Limassol, wo Reeder aus aller Welt ihre Schiffe anmelden, weil es so maßlos günstig ist, sind schon die Büros knapp geworden. Achthundertneununddreißig Handelsschiffe tuckern unter zypriotischer Flagge durch die Weltmeere, davon allein neunundsechzig Öltanker und hundertdreiundneunzig Containerschiffe. Griechen, Deutsche und Russen sind da ganz weit vorn. Gewerbesteuer existiert nicht. Dividenden sind steuerfrei. Da freuen sich die Anleger. Die vielen Firmen unter der Rubrik »Zypern Limited« werden aus dem Ausland ferngesteuert. In den üblichen Werbesätzen für Steuerparadiese steht über Zypern noch: »Als einziges EU-Mitgliedsland kämpft Zypern weder mit hohen Arbeitslosenzahlen, noch wird es von einem Schuldenberg erdrückt.«

Mag die aktuelle Arbeitslosenquote tatsächlich noch bei fünf Prozent liegen, der Schuldenberg ist immens. Das liegt vor allem an der tiefen Verstrickung der Banken in die Abgründe der griechischen Finanzwelt. Die beiden größten Banken der Insel haben beachtliche vierzig Prozent ihrer Darlehen in Griechenland vergeben. Für fünf Milliarden Euro halten sie zudem griechische Staatsanleihen. Was daraus wird, wissen bestenfalls die Götter. Zypern gerät in den Sog Athens. Das weiß auch Anastasia. Sie muss dann aber doch über den Satz kichern, der den Anleger ködern soll: »Hier lebt man recht sorgenfrei unter stetig blauem Himmel vom Tourismus und der Wirtschaft.«

Es ist nicht mehr als das Blaue vom Himmel, was da steht. Am Tresen, wo das Geld bar ausgezahlt wird, werden die einheimischen Abheber hellhörig. Was die da wohl reden, scheinen sie zu denken. Ein paar Meter weiter tauscht sich ein Bankmitarbeiter mit einer Kundin über die Wochenenderlebnisse aus. Draußen rast ein Polizeiwagen mit Blaulicht und Sirene vorbei. Doch Alarm ist immer woanders. Hier im Innern, hinter dicken Glaswänden, nach der Sicherheitsschleuse, da ist die Welt offenbar noch in Ordnung. Jedenfalls vermitteln das die Mitarbeiter, von Anastasia bis Alexandros. Sie beten die Vorzüge eines zypriotischen Kontos herunter wie vermutlich vor Jahren schon. Sie predigen von seichtem Wasser und Windstille, während vom nächsten Berg aus der Tsunami schon zu sehen ist.

Für heute jedenfalls hat der Bankbesucher genug. Er sammelt noch ein paar der bunten Heftchen ein. Er möchte die Steueroase zunächst nicht mit seinem sauer verdienten Geld begießen. Da fällt Alexandros noch etwas Lustiges ein. »Wissen Sie, wie sich die Zentralbank in Nordzypern finanziert?« Dann antwortet er gleich selbst. Sie verbucht angeblich mehr als vier Milliarden Euro Überschuss im Jahr – dank der Besteuerung der Casinos. Das Glücksspiel in der Türkei sei verboten, weshalb die durch den Wirtschaftsboom in dem Land zahlungskräftig gewordene Mittelschicht ständig Abstecher nach Nordzypern mache – sozusagen in die Spielhölle Insel-Anatoliens. Dort rollt die Kugel. Reiche Russen werfen hier ebenfalls gern mit Dollarscheinen um sich. Sie kommen neuerdings in Scharen. Und die Zyperngriechen setzen offenbar in den Casinos auch gern alles auf eine Karte.

Nur was daran lustig ist, bleibt Alexandros' Geheimnis. Wenn der Norden mit Roulette zockt und gewinnt, denn so sind die Regeln des Glücksspiels für den Veranstalter nun einmal, dann hat der Süden sich schon längst verzockt, und zwar mit griechischen Anleihen.

Der Laufkunde möchte nur noch hinaus in die Freiheit. Der erste Knopf ist schnell gefunden; die innere Glastür öffnet sich wie von Geisterhand, aber unter aufdringlichem Surren. Wieder spricht die griechische Frauenstimme. Ist das Anastasia? Ein Blick zurück verrät nur – sie sitzt brav am Schreibtisch und hat ihre Aufmerksamkeit wieder dem Aktenordner gewidmet. Jetzt nur nicht falsch drücken, sonst rast vielleicht ein spitzes Gitter von der Decke und quetscht den mutmaßlichen Bankräuber ein. Nein, alles okay. Die innere Tür schließt. Die äußere schickt sich an, aufzugehen. Luft dringt von außen ein. Sie riecht nach Meer. Da am Ufer, da steht bestimmt irgendwo eine sichere Bank zum Draufsetzen.

Im Lichtkegel der Zeitmaschine

Seit elftausend Jahren möchte jeder Heißsporn die Insel haben

Ach, wäre sie nur beweglich! Ein großer Schlepper würde Zypern dann aus dieser Zwangslage am östlichen Rand des Mittelmeers befreien und sie in ruhigeres Fahrwasser bringen. Die nach Sizilien und Sardinen drittgrößte Mittelmeerinsel liegt im Fadenkreuz so unterschiedlicher Interessen. Hier überschneiden sich die Einflusssphären von der Türkei, Syrien, des Libanons, von Israel und Ägypten. Seit die ersten Steinzeitmenschen vor rund elftausend Jahren ihren Fuß auf die liebliche Insel setzten, hat hier fast jeder Heißsporn, der einen Eintrag ins Geschichtsbuch provozieren wollte, seine Flagge in den Boden gerammt. Von Persern, Griechen, Römern und ägyptischen Ptolemäern über fränkische Könige, Kreuzfahrer bis zu Venezianern, den Osmanen oder den Briten hat so gut wie niemand Zypern links liegen gelassen. Zu schön, zu reich und strategisch zu günstig liegen die neuntausendzweihundertfünfundachtzig Quadratkilometer wie ein Appetithäppchen für Imperialisten auf den Seekarten. Das ist bis heute so.

Für Europa ist Zypern eine der hübschesten Randerscheinungen. Die gern als »göttlich« bezeichnete Insel gehört allerdings gefühlsmäßig eher zur Levante. Dazu zählt das Morgenland, also die Gegend, wo die Sonne aufgeht – aus italienischer Sicht. Die Römer prägten den Begriff. Das östliche Mittelmeer mit den Anrainern von Syrien bis Palästina liegt dort. Zypern ist deshalb eine Art von Schnittmenge großer Kulturkreise aus Orient, Afrika und Europa.

Wie spontan manche Eroberung daherkam, lässt sich vorbildlich an Richard Löwenherz nachvollziehen. Er war nicht einmal zwei Jahre im Amt des Königs von England, als er 1191 auf einem Kreuzzug gegen den Sultan Saladin ins Heilige Land segelte. Er wollte Jerusalem von ihm zurückerobern. Gerade fuhr er mit seinem Tross südlich von Zypern durchs Mittelmeer, als er erfuhr, dass Prinzessin Berengaria von Navarra an der Südküste der Insel mit ihrem Schiff festhing. Sie war mit seiner Schwester vorausgefahren; eine Ehe wurde gerade eingefädelt. Dabei hatte seine Mutter ihre Finger im Spiel. Berengaria, die junge schwarzhaarige Frau mit den dunklen, verträumten Augen war also seine Auserwählte, die er – auch zur Absicherung seiner französischen Besitzungen – demnächst heiraten sollte. Nun war sie in die Hände des zypriotischen Kaisers Isaak Komnenos gefallen, eines Freundes des Sultans.

Richard kam, sah und heiratete. Dazu eroberte er die nächstliegende Hafenstadt. Das war Limassol. Im weißen Kleid mit weißem Schleier und einem Umhang aus Brokat schritt Prinzessin Berengaria mit ihrem wilden Eroberer Richard zum Altar in der St.-Georgs-Kirche der Stadt. Der Bischof krönte sie anschließend gleich zur Königin von England. Nach den Feiern ging ihr Mann wieder seinem Beruf nach – als Eroberer. Er ließ sein Heer antreten, um die ganze Insel zu übernehmen. Rund sechs Wochen waren dafür vorgesehen. Kaiser Isaak machte es spannend und trieb es gewissermaßen auf die Spitze. Erst am Kap Andreas im äußersten Nordosten ergab er sich. Unterwegs hatte Löwenherz in Kyrenia schon die Staatskasse entdeckt und auf seine Schiffe bringen lassen. Er machte also schon jetzt Kasse mit Zypern. Der König von Zypern verschwand in irgendeinem Kerker. Isaaks minderjährige Tochter nahm das junge englische Paar gleich mit aufs Schiff. In Wirklichkeit war es Kindesentführung. Richard segelte und kämpfte fast sein Leben lang weiter. Seine Frau war derweil meist mit Richards Schwester unterwegs. Berengaria gilt als die einzige englische Königin, die niemals einen Fuß in ihr Land setzte.

Doch Zypern hatte wieder einmal im Vorbeifahren die Nationalität gewechselt, dieses Mal war es Englisch geworden. Aber was sollte einer der mächtigsten Männer Europas mit ständigem Expansionsdrang damit? Nach zwei Monaten versilberte er die Insel für hunderttausend Golddinare an die Kreuzritter des Templerordens. Sie fungierten auch nur als Zwischenhändler, denn schon bald kaufte der ehemalige fränkische König Jerusalems, Guy de Lusignan, Zypern und wurde dort

König. Das machte sich bezahlt: Drei Jahrhunderte herrschten die fränkischen Könige dort, bis dann die Venezianer kamen. Siebenhundert Jahre sollte es dauern, bis 1878 die Engländer wieder die Insel in ihren Besitz nahmen, nun von den Osmanen.

Bevor es damit weitergeht, setzen wir uns in eine Zeitmaschine und spulen die Kalender rückwärts. Wir wollen zurück zu den Anfängen. Dazu muss nur die Zeitanzeige durchlaufen, der Ort bleibt gleich. Die Gegend um Limassol, wo die junge Prinzessin strandete, hat es nämlich in sich. Auf der Halbinsel Akrotiri, wo heute die Flamingos durch den Salzsee waten, jagten die ersten Siedler Zyperns Zwergflusspferde und Zwergelefanten. Unglaubliche elftausend Jahre soll das her sein – es waren Steinzeitmenschen, die an dieser Küste lebten. Das haben Archäologen anhand von Essensresten herausgefunden, die dort herumlagen. Sicher waren es Knochen, denn jede Papyrus-Schachtel eines damaligen Pizza-Bringdiensts wäre längst verrottet. Nur rund fünfzig Kilometer entfernt in Choirokoitía sind Rundhütten wieder aufgebaut, damit auch Menschen ohne Zeitmaschine eine Vorstellung gewinnen, wie es damals hier zuging. Die Behausungen haben etwa zehn Meter Durchmesser und drei Meter dicke Steinmauern. Genau dort lebten rund tausend Dorfbewohner bis etwa 6000 vor Christus. Sie hielten sich Schafe, Ziegen und Schweine. Sie bauten Linsen, Gerste und Weizen an. Sie hatten Feuerstein, den sie zum Anzünden von Holzfeuern benutzten.

Auch als Pfeilspitze zum Jagen in den Wäldern des Troodos-Gebirges taugte der harte Stein.

Es kamen offenbar ständig neue Siedler hinzu, die sich an der Südküste breitmachten. Ihre Kultur war relativ weit entwickelt. Was aber dann plötzlich um das Jahr 6000 vor Christus geschah, weiß niemand genau. Selbst die Zeitmaschine hat hier einen Blackout. Jedenfalls blieb Zypern nun fünfzehnhundert Jahre hindurch wohl unbewohnt. Die Wissenschaftler rätseln über eine Epidemie. Doch dann tauchte das Element auf, nach dem die Insel bis heute benannt ist: Kupfer.

Aes cyprium heißt das Metall, das nun aus dem Gestein geschmolzen wurde. Wer sich wieder in die Zeitmaschine setzt, würde im Jahr 2300 vor Christus die Stopptaste drücken und könnte nun zusehen, wie schweißgebadete Männer das »Erz von der Insel Zypern«, wie es übersetzt heißt, aus dem Gebirge holen. Das Gestein wird geröstet und verschlackt. Spiegel, Gefäße, Waffen – zu allem war das Edelmetall gut. Kupfer war der Hightech-Rohstoff der Antike. Die Römer produzierten später jedes Jahr fünfzehntausend Tonnen davon, nicht allein auf Zypern, sondern an vielen Stellen in ihrem Reich. Auf Zypern entstanden nun erste Städte, von denen die meisten heute noch existieren. Nach dem Trojanischen Krieg ließen sich um 1500 vor Christus die Veteranen der Schlacht hier nieder. Nun wurde Griechisch auf der Insel gesprochen. Es herrschte ein buntes Leben: Vasenmaler, Bildhauer und Elfenbeinschnitzer folgen ihrer filigranen Kunst. Kupferstecher und Bergarbeiter produzieren Reichtum. Priester beten zur breiten Riege der griechischen Götter. Doch herrschte keine Eintracht auf der Insel, sondern elf Stadtkönigreiche von Pafos bis Ledra buhlten in ständigem Wettstreit um die Vormacht. Der Blick nach vorn vom bequemen Sessel der Zeitmaschine verkündet Unheil: Das wirtschaftlich prosperierende Stadtleben weckt bei den argwöhnisch darauf schielenden Großreichen der Nachbarschaft Begehrlichkeiten. Prompt kommen Assyrer, Ägypter und Perser, um sich die im gegenseitigen Zwist niederkämpfenden Stadtkönigreiche einzuverleiben.

Erst Alexander der Große beendet nach seiner »Keilerei bei Issos« im Jahr 333 vor Christus gegen den persischen König Dareios III. kurz darauf auch die persische Herrschaft über Zypern. Als nach Alexanders Tod seine Erben das Reich aufteilen, gelingt es einem Ägypter, sich Zypern anzueignen. Er schafft griechische Beamte herbei, die für ihn die Insel verwalten. Nun zeigt sich, aus wie vielen Ländern der näheren Umgebung die »göttliche« Insel im östlichen Mittelmeer ihre Bewohnerschaft bezieht. Welche Vielzahl genetischer Fingerabdrücke hier hinterlassen wurde, welches Völkergemisch immer wieder aufs Neue den Zyprioten formte – das ist Multikulti in Reinform. Gerade blüht noch die griechische Kultur auf. Der Gouverneur in Pafos lässt sich hübsche Mosaiken in die Fußböden seiner Villen legen – da sammeln sich schon wieder Gewitterwolken am Himmel.

Weil die Römer schon früh eine genaue Buchführung hatten, lässt sich heute noch feststellen: Sie besetzten Zypern im Jahr 58 vor Christus, als Vorposten auf dem Weg zur Eroberung Ägyptens. Ja, so war es wieder um die schöne Insel geschehen. Sie diente als Waffenlager, als Sammelplatz für Truppen, als Wellnessresort für abgekämpfte Seeleute und zum Auftanken mit Frischwasser. Die jeweiligen Herrscher in Rom freuten sich maßlos über die Insel in ihrem Einflussbereich. Sie wurde eigenständige römische Provinz, sodass sich ein Prokonsul in den Villen von Pafos direkt am Hafen mit Blick aufs weite Meer Richtung Ägypten niederließ.

Als Insasse einer Zeitmaschine ist man natürlich klüger, denn ein Vor und Zurück ist möglich. Somit erweisen sich nachträglich die Jahrhunderte der Römerzeit als wohlhabend und glücklich. Niemand wagte mehr anzugreifen. Es lag Frieden über der Insel. Der Handel blühte. Das Kupfer wurde immer noch zu Höchstpreisen verkauft. Holz zum Haus- und Schiffbau gab es auch noch genug. Die Römer errichteten ein Heiligtum nach dem anderen, denn an Götterkult standen sie den Griechen nicht nach. Kurios war nur: Für etwa sechzehn Jahre war Zypern ägyptisch – Cäsar hatte für Kleopatra nicht das passende Geschenk zum Geburtstag gefunden, da sagte er ihr knapp: Nimm Zypern!

Doch bald fiel es an die Römer zurück. 45 nach Christus gab es die nächste Überraschung. Apostel Paulus, der vom Heiligen Land kommend vorbeischaute, konnte den römischen Prokonsul vom Christentum überzeugen. Mehr als dreihundert Jahre später wurde die Insel das erste christlich regierte Land der Welt!

Als sich 395 das römische Reich teilte, kam Zypern zu Byzanz. Die folgenden achthundert Jahre gleichen wieder einer Achterbahnfahrt. Auf den Trümmern von Salamis wurde Constantia als neue Hauptstadt gegründet. Sie löste Pafos ab. Großgrundbesitzer, Beamte, Kirchenmänner – sie alle lebten im Luxus und frönten einer fast römischen Dekadenz. Dann schmuggelten zypriotische Seefahrer Eier des Seidenspinners aus China ein. Schon war die Grundlage einer neuen Handelssparte gelegt: Seide. Die Insel produzierte und verkaufte alles, was die Raupen nur so spinnen konnten. Der edle Stoff war heiß begehrt. Vom siebten Jahrhundert an schauten regelmäßig die Araber vorbei und verlangten einen Tribut. Auch an Byzanz mussten Steuern abgeführt werden. Also blutete das Land langsam aus.

Doch nun lassen wir die Zeitmaschine abheben. Sie fliegt und landet im Jahr 1489 im Schiff des reichen Venezianers Giorgio Cornaro. Er segelt gerade im Auftrag des Rates der Zehn von Venedig nach Zypern und soll die bisherige Königin von Zypern, Caterina Cornaro, zum Abdanken bewegen. Sie ist seine Schwester und auch Venezianerin. Der mächtige Rat der Zehn aber befürchtet, dass die Witwe, seit 1474 Chefin von Zypern, ins verfeindete Herrscherhaus Neapel einheiraten konnte. Ihr einjähriger Sohn war unter mysteriösen Umständen ums Leben gekommen. Giorgio Cornaro bewegte seine Schwester zur Heimreise, setzte einen Verwalter für Zypern ein und sicherte so die Insel zumindest für die nächsten rund achtzig Jahre für Venedig als hübschen Angelpunkt in der Levante für ihre Wirtschafts- und Vormachtträume. Dann allerdings traf ein Blauer Brief ein. Es war im März 1570, als ein türkischer Gesandter die Venezianer aufforderte, die Insel an die Osmanen zu übergeben. Vorher hatten sie vor Famagusta im Osten schon einmal ihre Kriegsflotte gezeigt. Mehr nicht, aber das reichte. Die Venezianer erhöhten ängstlich die Stadtmauern auf Zypern. Bald belagerten fünfzigtausend Mann aus der Türkei Nikosia. Dreihundertsechzig Galeeren aus dem großen osmanischen Reich im Norden brachten ständig neue Soldaten. Lange konnte es nicht gutgehen, und so fiel Zypern 1571 für die nächsten dreihundert Jahre an die Osmanen. Siedler aus dem südlichen Anatolien trafen ein. Schwarzafrikanische Sklaven aus Ägypten taten ihren Dienst auf Zypern. Es herrschte der Islam. Muslime versahen alle wichtigen Ämter in Regierung und Verwaltung. Syrische Araber, die nun auch hier lebten, brachten die Kartoffel mit. Sie gedieh prächtig und vergrößerte den Wohlstand.

Offenbar lebten Christen und Moslems in Eintracht miteinander. Mischehen waren erlaubt. Viele traten auch zum Islam über. In zerfallenen Kirchen wurden Minarette gebaut. Doch dann prasselten Ereignisse auf Zypern ein, die den Niedergang besiegelten: Heuschreckenplagen, Erdbeben, die Pest und Dürren. Als dann einmal wieder die Haudegen des russischen Zaren vor Konstantinopel auftauchten – es war 1877 –, da riefen die Osmanen die Briten zu Hilfe. Sie brauchten nur mit einem Feldzug zusammen mit den Österreichern zu drohen, schon war die Sache zugunsten der Osmanen erledigt. Allerdings ließen sich die Briten dafür bezahlen – in Form einer Insel: Zypern. Ein Jahr später übernahmen sie die Verwaltung und hatten endlich das ersehnte Eiland zurück, das sie mit König Löwenherz schon einmal zwei Monate gehabt hatten, dann aber vorschnell versilberten.

Die Türken verlangten zwar noch eine Pacht, doch das war den Briten egal. Sie hatten einen wichtigen Stützpunkt, um von hier aus Ägypten zu erobern. Schon bald war das Empire Schutzmacht über den Suezkanal, sodass Zypern wieder etwas aus dem strategischen Denken der Admiräle verschwand. Doch ein *High Commissioner*, ein Hochkommissar, wurde ernannt. So einen gibt es bis heute. Er entschied die Geschicke des kleinen Landes, das 1914 von Großbritannien annektiert worden war und ab 1925 britische Kronkolonie war. Zwar setzten die Briten neun griechische und drei türkische Zyprioten mitsamt sechs britischen Vertretern in einen Exekutivrat. Doch der Hochkommissar gab stets den Ausschlag bei wichtigen Entscheidungen. In diese Zeit fällt die Idee der *énosis*, die auch heute im Gespräch mit Zyprioten öfter auftaucht: die Vereinigung Zyperns mit Griechenland, was sich offenbar der Klerus und viele der griechisch-zypriotischen Bewohner sehnsüchtig wünschten.

Die erste Hälfte des 20. Jahrhunderts stand bei den griechischen Zyprioten immer wieder im Zeichen der *énosis*. Am Zweiten Weltkrieg nahmen sogar dreißigtausend Freiwillige aus Zypern teil und kämpften Seite an Seite mit den Briten, um ihrem Wunsch Nachdruck zu verleihen. Die Briten aber gaben ihre Kronkolonie nicht her, sodass ein blutiger Kampf einer Untergrundbewegung von 1955 bis 1959 den Besatzern die geruhsame Teestunde gehörig vermieste. Als Zypern 1960 endlich unabhängig wurde, hatte es die Königin von England allerdings geschafft, drei Prozent der zypriotischen Landesfläche *forever* als eigenes Hoheitsgebiet zu erhalten. Im Falle Hongkongs hatten sich die Briten 1898 noch auf einen Pachtvertrag für neunundneunzig Jahre eingelassen – und mussten schweren Herzens danach abziehen. Hier aber können sie sich im Glanze der unbegrenzten Reichweite einer Zeitmaschine sonnen. So ist Englisch neben Neugriechisch und Türkisch die dritte Landessprache – bloß zu Griechenland gehörte Zypern nie!

Hier Café Berlin

Schlendern durch die letzte geteilte Hauptstadt der Welt

Die schwarz-weiß gefleckte Katze ist die wahre Heldin dieser überflüssigen Grenzanlage mitten in Nikosia. Sie wechselt die Seite, wie sie will. Gerade ist sie wieder in den türkisch besetzten Norden entwichen, hier am Ende der Sackgasse, wo das Café »Berlin No. 2« Rauchzeichen setzt. Aus einem langen Aluminiumrohr steigt Grillgeruch über die *Green Line*. Diese grüne Grenze wird allerdings scharf bewacht. Sie heißt nur so, weil die britischen Offiziere die Trennlinie zwischen den türkisch besetzten Vierteln und den griechischen in der Stadt mit einem grünen Stift in ihren Stadtplan einmalten. Es hätte auch ein orangener oder blauer sein können, aber sie hatten gerade diesen auf dem Schreibtisch liegen.

Wer Niklas beim Zubereiten der *Souflaki*-Spieße jetzt gegen elf Uhr zusieht, bekommt Appetit. Das Snack-Café ist stadtbekannt für die hohe Qualität seines Angebots, weshalb es auch Kebab-Haus heißt. Doch ist »Berlin No. 2« treffender, denn die meisten sind hier Gast, weil dieses Café mit dem großen Vorzelt, das im Winter mit Heizstrahlern gewärmt wird, eine Teilung verdeutlicht wie einst im fernen Berlin. Keine fünf Meter entfernt steht ein UN-Soldat im halbhohen Wachturm und wacht. Er lässt sich beim griechischen Kaffee für einen Euro fünfzig von hier aus prima beobachten. Sein Blick senkt sich. Liest er? Konzentriert er sich? Will er die Wirklichkeit, die er als belebtes Straßenviertel vor Augen hat, ausblenden? Die einzigen Worte, die er spricht, sind nur durch seine Lippenbewegungen zu sehen. Er telefoniert. Sind es die Vorgesetzten, die er am Apparat hat, oder ist es seine Freundin?

Antworten liefert nicht einmal die Katze, die gerade von ihrem Streifzug in den Grenzsaum wieder zurück ist und vor dem Café »Berlin No. 2« ihre Pfoten leckt. Dieser Grillgeruch, der muss dem Grenzsoldaten kräftig in die Nase ziehen. Muss man Angst haben, dass ihn das nervt und er fuchtig wird? Niklas sagt nur: »Der kommt nicht hierher!« Die Situation ist grotesk. Da sichern die Vereinten Nationen mit neunhundert Soldaten, die zwischen den verfeindeten Truppen Stellung bezogen, für viele Millionen Dollar im Jahr die oft nur zehn Meter breite Pufferzone zwischen beiden Welten auf der einen Insel. Es sind Soldaten aus aller Welt, die hier Wache schieben. Argentinier und Kanadier sind an den Aufnähern an ihren Uniformen leicht zu erkennen. Doch das ganze Getue ähnelt einem Sandkastenspiel, das die Vereinten Nationen auch schon oft genug fast aufgegeben hätten. Nord und Süd verhandeln oft miteinander. Jede Woche treffen sich zudem die Bürgermeister aus dem Nord- und dem Südteil Nikosias oder deren Delegationen, um Dinge von Abwasserleitungen über Straßennamen bis hin zu Neubauten zu klären. Doch die sind zumindest hier quer durch die Stadt entlang der Grünen Linie nicht zu sehen. Die besten Lagen für Immobilien werden durch mehr als hundert Jahre alte, seit der Teilung leer stehende Häuser mit Einschusslöchern blockiert.

Da, er hat sich bewegt, der Soldat im Fünfmeterraum neben der Bar. Sie befindet sich unter dem Zeltdach des Cafés »Berlin No. 2« und nennt sich »Checkpoint Charly«. Auch das soll an den früheren Übergang zwischen Ost und West in Berlin erinnern. Nur ist hier kein Übergang, er befindet sich etwas weiter westlich. Jeder kann, wenn er sich in die Schlange stellt und den Pass vorzeigt, mit einem ausgefüllten Zettelchen, das dann amtlich bestempelt wird, in den türkischen Teil gehen und wieder zurück. Seit einiger Zeit sind die Formalitäten auf dieses Minimum reduziert. Viele Nikosier nutzen das, um ihr Glück zu versuchen. Schon in Sichtweite der Grenze leuchtet das dicke, runde Emblem von »Cesar's Casino«. Von zehn Uhr vormittags bis morgens um sechs läuft das Glücksspiel, wobei die nordzypriotischen Behörden die Glücklichen sind, denn dorthin fließen die Steuern.

Achtzig Glücksmaschinen auf zwei Etagen drehen sich. Für das Casino oben in dem Hochhaus ist nicht einmal ein Schlips Vorschrift. Leicht bekleidete Bardamen servieren Getränke. Das angeschlossene Hotel bietet genug Raum, auch weitergehenden Gelüsten, die männliche Gäste mitbringen, nachzugehen. Schwarz gekleidete Herren, die vom Eingang bis unter das Dach jeden Winkel bewachen, halten den Ball flach, wenn es doch einmal Streit geben sollte in dem Etablissement. Ein paar Meter weiter ist der Brunnen um die hohe Säule des Atatürk-Platzes längst ausgetrocknet. Rauchende Obsthändler, die einen Holzkarren schieben, versuchen ihre Früchte zu verkaufen. Ein großes Bild des Gründers der modernen Türkei oben auf dem Haus ist schon verblichen. Mustafa Kemal Atatürk hat es schon rein optisch schwer, sich gegen das viel zu rote Rot des Casino-Talers auf dem Hochhausdach gegenüber zu behaupten.

Es sind von hier nur wenige Meter bis zur Grenze quer durch die Hauptstadt, doch sie erscheinen wie ein Lichtjahr, so anders zeigt sich hier die Welt. Schuhputzer betteln um Kundschaft. Brettspieler, die quälend viel Zeit zu haben scheinen, setzen ihre Steine auf einem kippeligen Tisch auf dem Bürgersteig vor und zurück. An Häusern, die Ruinen gleichen, kleben die weißen Kästen von Klimaanlagen. Ein schäbiges Eckhaus mit verbarrikadiertem Eingang und Grasbewuchs wird durch ein blau leuchtendes Schild mit türkischer und englischer Aufschrift als »einzigartige Investment-Gelegenheit« angepriesen. Tafeln mit dem Aufdruck des Straßennetzes, die an verschiedenen Stellen im türkischen Teil stehen, sollen Fremde durch die Gassen leiten. Allerdings stellt sich bei näherem Hinsehen heraus, dass es leider nur Kopien von ein und demselben Plan sind – das »you are here«-Zeichen ist überall an derselben Stelle eingezeichnet, unabhängig vom Standort der Tafel.

In diesem Moment dient ein Brite, der seit rund zehn Jahren hier lebt und gerade mit zwei vollen Plastiktüten vom Einkaufen kommt, als lebender Wegweiser. Er erzählt, wie viel Stacheldraht früher die Gegend mitten in der Zweihundertachtzigtausend-Einwohner-Stadt prägte und damit Erinnerungen an Nordirland weckte. Heute sei alles freundlicher. Der Muezzin ruft – zumindest aus einem Lautsprecher. Katzen wechseln auch hier die Grenzlinie unbeschadet. Die beiden Helikopter der Vereinten Nationen, die hier stationiert sind, werden immerhin auch für Rettungseinsätze benutzt. Ein großer Fußballplatz an der venezianischen Mauer, die die geteilte Innenstadt noch umgibt, dient ihnen als Landeplatz. UN-Soldaten betätigen sich mit Minenräumen – eine weitere sinnvolle Aufgabe der ansonsten gelangweilt erscheinenden Grenzhüter.

In einem pompösen Wohnhaus des 19. Jahrhunderts serviert ein Türke Tee und Pulverkaffee. Schriftlicher Zuspruch und hübsche Malereien von Gästen sind auf Zetteln unter einer Glasplatte auf einem Tisch im Kaminzimmer zu bewundern. Es sind Momentaufnahmen von Empfindungen in einer geteilten Stadt. Wie überflüssig diese Trennung einem vorkommt, führen die Posten am nahen Übergang vor dem einst größten Hotel der Insel, dem geschlossenen Ledra-Palast, auf dessen

Dach heute ein UN-Posten Dienst schiebt, unbeabsichtigt vor. Den Zettel mit der Passnummer und den Pass wollen sie kaum sehen. Die Grenzsoldaten müssen gerade darauf achten, dass die nordzypriotische Flagge gut im Wind steht. Das Schild »Lefkoşa«, der Name ihrer Hauptstadt, muss offenbar ebenfalls gerade jetzt abermals geputzt werden. Auf griechisch-zypriotischer Seite sind die Grenzsoldaten ähnlich gelangweilt. Sie winken einen durch, sobald sie den deutschen Pass aus der Ferne sehen, und rufen ein höfliches »Möörkell friend« dazu. Das soll bedeuten, sie betrachten die deutsche Bundeskanzlerin und damit Deutschland als befreundete Nation. Tatsächlich hatte sie erst neulich Nikosia einen Kurzbesuch abgestattet und ihre Verbundenheit bekundet.

Rund um die Kathedrale der Maroniten sind noch Unterstände mit Sandsäcken von 1974 zu sehen, als die Türken vorrückten, um den Nordteil der Insel und Nikosias zu besetzen. Schießscharten erinnern an Tage der Gewalt. Ein Plakat, das zur Demonstration für die Rechte der Hausmädchen in Zypern aufruft, ist neueren Datums. Viele tausend Philippinerinnen erhielten ein befristetes Visum zur Altenbetreuung auf der Insel. Dass nicht alle dieser Aufgabe dann auch wirklich nachzukommen scheinen, ist ein paar Hundert Meter weiter in einer Gasse zu ahnen, die durch blinkende Leuchtreklame auf ihre Lokale aufmerksam macht. Aus der am Nachmittag noch geschlossenen Aphrodite-Bar dringt quasi eine Hymne der Prostituierten

– »Love Hurts«. Der vielkehlige Chor asiatischer Frauen schreit die Botschaft, dass Liebe wehtue, so schrill auf die Straße, dass es wie eine Anklage wegen ihrer Erniedrigung klingt. Die Anzahl der an Hauswände geklebten Zettel mit der Aufschrift »Zimmer zu vermieten, hundert Euro, nur Frauen« nimmt dramatisch zu.

Die nahe Ledra-Straße als Hauptflaniermeile der Stadt vermittelt ein ganz anderes Bild. Hier sind Starbucks und McDonald's fröhliche Nachbarn. Da glänzen Lackschuhe in Schuhläden, als läge die Sonne der Champs-Élysées über ihnen. Schulkinder in Uniform fahren im Hinterhof lautstark Karussell. Yak-Wolle aus Nepal hängt über einem Holzständer. Der Schal kostet nur drei Euro. Von der Dachterrasse des Shakolas-Turms, in dem sich ein Café befindet, ist der Rundumblick tadellos. Für einen Euro Zutritt sind alle wichtigen Sehenswürdigkeiten, die Kathedralen und Moscheen, die Bäder und Museen sowie die zahlreichen Wäscheleinen mit wehenden Hemden und Hosen auf den vielen Flachdächern der Hochhäuser bestens zu beobachten. Nikosia ist ohnehin die Stadt der Beobachter, ein Ort, an dem sich Folgen von Trennung und Teilung besichtigen lassen.

Im »Berlin No. 2« sind wieder neue Gäste vor der verrücktesten Bar der Stadt so dicht an der Grenze eingetroffen. Sie haben gerade die blauweiß gestreiften Absperrungen mit dem niedrigen Turm und dem nach unten blickenden UN-Soldaten fotografiert. »Och, das durften wir gar nicht«, kichern sie fröhlich und erkennen erst beim raschen Durchsehen der gerade geschossenen Fotos auf dem Display ihrer Digitalkamera das Fotografieren-verboten-Schild. Es ist nicht mehr derselbe Soldat, der dort hockt. Mehr als zwei oder drei Stunden scheint das auch niemand unbeschadet zu überstehen, das Nichtstun. Niklas winkt fröhlich. Er serviert jetzt eine Runde *Kebab* zu sieben Euro das Stück. Drinnen in der kleinen Küche herrscht Hochbetrieb. Gleich kommen neue Gäste. Sie wollen sehen, wie es sich so isst an der Trennlinie in der letzten geteilten Hauptstadt der Welt. Die schwarz-weiß gefleckte Katze leckt ihre Pfoten, vermutlich hat sie wieder hinter der blau-weiß gestreiften Grenze gejagt. Wenigstens für sie existiert sie nicht.

Zwölf Tortenstücke für Zeus

Klöster, Körbe und ein Koordinator: Wie ein Mann das zentrale Troodos-Gebirge vermarktet – das grüne Herz der Insel

Das Troodos-Gebirge bedeckt rund ein Drittel Zyperns. Es ist das grüne Herz der Insel, das im Winter eine weiße Zipfelmütze trägt. Oben auf dem Olymp liegt meist von Januar bis Ostern Schnee. Vermutlich leben dort oben auf dem fast zweitausend Meter hohen Gipfel die Götter, jedenfalls ist das beim Olymp in Griechenland so. Dort wohnten Zeus und seine Mannschaft. Sie trafen sich in den zwölf Wohnungen zur Beratung und zum festlichen Schmaus.

An so etwas Ähnliches denkt auch Panayiotis. Der umtriebige Zypriot aus Platres nennt sich Koordinator für das zentrale Gebirge und klappt seinen Laptop auf. Er hat die felsige Gegend, in der jahrhundertealte Zedern und Schwarzkiefern wachsen, nicht in zwölf Wohnungen für zwölf Götter aufgeteilt, sondern in zwölf Tortenstücke. »Hier in der Mitte liegt der Olymp«, sagt er und strahlt wie ein Schneekönig. Bisher wissen nur wenige von seiner Zonierung des Zentralgebirges, die es schon bald attraktiv für jeden Gast aus nah und fern machen soll. »Die Menschen sollen unsere Schönheiten schmecken und berühren«, schildert er mit glühenden Augen. »Und sie sollen sofort wissen, in welches Tortenstück sie reisen müssen und was sie dort vorfinden.« Panayiotis kann Menschen mit Blicken und Worten fesseln. Er ist so von seinem Tun überzeugt, dass es Funken sprüht. Die Zuhörer werden angefacht durch diese Initialzündungen – im Idealfall. Es gibt auch welche, denen wird es zu heiß bei seinen Ausführungen und die wenden sich lieber ab.

Bei seinen Vorträgen quer durch die Troodos-Täler hat Panayiotis aber offenbar viel Begeisterung geschürt. Die Menschen in den Dörfern, wo oft noch Zyprioten mit weißem Haarkranz und hellem Oberlippenbart in einer Art Dauerlächeln unter schattigen Platanen Wein trinken und Steine auf einem Spielfeld verschieben, saugen die Visionen solcher Ideensprüher wie Panayiotis in sich auf. Mögen manche Dorfbewohner auch rückständig wirken oder scheint in ihren Bewegungen die Zeit keine Rolle zu spielen, sie sind authentisch neugierig. Sie wollen Kontakt mit Fremden. Sie lassen sich ein auf alle, die sich zu ihnen vorarbeiten. Man muss nur erst ihr Vertrauen gewinnen. Das hat der agile Zypriot geschafft. Gästen kann das auch gelingen.

Die Dorfbewohner tischen dann auf, was Dachboden und Keller an Vorräten so hergeben. Praktischerweise wachsen Pfirsiche, Mandeln, Kirschen und Äpfel gleich nebenan auf den terrassierten Feldern. Die weiß getünchten Häuser mit den blauen Holztüren in Òmodos sind dazu auch noch ein optischer Genuss. Geranien und Oleander blühen. Apfelsinenbäume versprühen ihren Duft reifer Früchte. Im Sommer wird es zwar warm hier oben im Gebirge – etwa achtundzwanzig Grad im Juli und August –, aber nie heiß wie unten an den Stränden. Rund um Òmodos breiten sich an den Südhängen lange Reihen mit Weinreben aus. »*Kopiaste!*«, rufen die Männer – komm und sei unser Gast.

Panayiotis hat wieder seinen Klapprechner dabei und blättert seine Ideen auf den elektronischen Seiten Klick für Klick vor. Die Tortenstücke rund um den Olymp mit Zeus in der Mitte sollen die unverwechselbaren Werte der Regionen schmackhaft machen. Hier sind es die Weindörfer mit ihrem Charme – das füllt ein Tortenstück. Im Nordosten sind es die Tonkrüge – ein weiteres Tortenstück. In Agros, im Osten, da wachsen die Damaskina-Rosen – wieder eines. Die unglaubliche Menge von sieben Tonnen Blüten – eine einzelne wiegt ja fast nichts! – ernten die fleißigen Hände der Plantagenarbeiter jedes Jahr. Duftwässer, Seifen und Kerzen verlassen die Fabrik. Rosenöl findet auch den Weg in Drinks, Tee und Marmelade. Im Namen der Rose ist ein kleines, gut riechendes Imperium entstanden, das es so nirgends noch einmal gibt.

Andere Tortenstücke werden gefüllt von den rundlichen Werken der Korbflechter, von zierlichen Stickereien oder Marzipanerzeugnissen. »Diese Vielfalt hier im Nationalpark ist so unverfälscht, so echt, das sind Natur und Kultur ohne Schönmacher«, schwärmt Panayiotis. Er will das grüne Herz der Insel schneller schlagen oder einfach nur mit einem Schrittmacher sicher in die Zukunft pochen lassen. Bisher scheinen manche Tortenstücke noch im Dornröschenschlaf zu schlummern. Doch sind schon Mountainbike-Strecken neu ausgewiesen, Wanderpfade sowieso. Hinweise auf Wasserfälle finden sich. Adler, Füchse und Mufflons haben ihr Revier. Die schattigen Wälder bieten ein für Mitteleuropäer angenehmes Klima. »Wissen Sie«, sagt er und beugt sich zu einem, als wollte er ein Geheimnis verraten, »ich möchte, dass ›Troodeln‹ so bekannt wird wie Googlen.«

Um diese Botschaft richtig zu verstehen, sind ein paar Nachfragen notwendig. Doch der Vieltelefonierer mit dem »Mann im Ohr« als Empfänger und einem unauffälligen Mikrofon an einer Schnur am Hals glüht vor Enthusiasmus. Da muss man eine Fernsprechpause abwarten, um seine Fragen loszuwerden. Panayiotis meint, das Troodos-Gebirge biete einfach alles, und zwar für jeden. So wie jemand in die Suchmaschine seines Computers unter Google einen Begriff eingibt, den er finden möchte, so kann er bald auch unter Troodos irgendetwas eintippen – und er wird auf ein passendes Angebot treffen. So stellt sich das der Chefentwickler der gebirgigen Gegend jedenfalls vor. Allerdings funktioniert das nur für touristische Angebote.

Panayiotis lächelt. »Ja, so einfach ist das –

troodeln.« In seinem Büro in Platres sitzt sein Sekretär und schaut in den Bildschirm. Dimitri war einst Teilnehmer im olympischen Skiabfahrtslauf. Er empfindet genauso Stolz für »sein« Gebirge wie der Chef. Als wäre »Troodle« bereits die neue Suchmaschine für Urlaubsgelüste, hämmert Dimitri Worte in seine Tastatur. Das Büro, in dem die beiden sitzen, wirkt karg. Gerade bringt jemand zypriotischen Kaffee mit viel Zucker. Es gibt zwar Stühle, aber keinen Tisch zum Abstellen des heißen Getränks. Neben einem viel zu großen Feuerlöscher ruht ein alter Tresor. Flaggen von Zypern, Griechenland und der Europäischen Union stehen im Raum. Ehrwürdig blickt Erzbischof Makários III. von einem Bild an der Wand herab. Er war der erste Präsident Zyperns. Sein steinernes Grab in einer rundlichen Nische oberhalb des Kykko-Klosters ist eine Pilgerstätte genauso wie das Gotteshaus selbst, in das er mit dreizehn Jahren als Novize einzog. »Die Klöster, zehn gehören zum Weltkulturerbe der Menschheit, formen auch eines der Tortenstücke«, flicht Panayiotis schnell ein.

Die Kirche Zyperns ist mit einem enormen Land- und Immobilienbesitz gesegnet. Das meiste ist verpachtet. Einiges wurde verkauft und das Geld in Industriefirmen investiert. Politisch mischt die Kirche seit Makários' Zeiten kräftig mit und lehnte etwa den Wiedervereinigungsplan für Nord- und Südzypern von UN-Generalsekretär Kofi Annan 2004 ab. Die Schätze aber wie im größten und reichsten Kloster der Insel, in Kykko, leuchten selbst im Halbdunkel und erfreuen täglich die Pilger. Von denen strömen Hunderte herbei, denn schon die Marienikone, der Legende nach vom Evangelisten Lukas auf Holz gemalt, das Erzengel Gabriel spendete, ist ein Heiligtum erster Güte. Goldreiche Mosaiken schmücken die Wandelgänge. Das Klostermuseum gehört zu den prächtigsten seiner Art überhaupt. Schnitzereien, alte Handschriften und frühchristliche Marmorreliefs geben einen Eindruck vom Magnetismus einer Religion, die hier griechisch-orthodox heißt. Sonntags übertönt regelmäßig das Geschrei der Täuflinge das dezente Murmeln in der Klosterkirche, in der Ikonenmaler sich ungehemmt verwirklichten.

Und dann diese Scheunendachkirchen – außen biedere Ziegeldächer und innen strahlende Fresken, die es locker auf ein Alter von fünfhundert Jahren bringen. Die Idee, sich unauffällig fern der Piratenküste in Scheunen zum Gebet zu versammeln und die Innenwelt durch byzantinische Fresken kobaltblau, korallenrot und goldglänzend leuchten zu lassen, ist nirgends sonst auf der Welt so umgesetzt worden. Der Troodos-Anpreiser holt tief Luft. Er möchte noch so viel erzählen vom grünen Herzen der Insel, von seinen Tortenstücken und dem Vorratsspeicher an Ideen, die ihren Test in der Wirklichkeit erst noch bestehen müssen. Doch die Sonne senkt sich in den Bergen. In einer Stunde erwarten irgendwo in den Tälern des Troodos-Gebirges Einheimische Panayiotis und seine Erzählungen von den Tortenstücken rund um Zeus wie Gläubige den Erzbischof. Sie wollen wissen, wie man ihre Naturschönheit, ihre Kultur und ihre mit hoher Fingerfertigkeit geschaffenen Gegenstände denen da draußen mundgerecht serviert, ohne dass die Dorfbewohner selbst dabei einen schalen Nachgeschmack verspüren. Sie wollen ihre Lebensweise beibehalten, ihre Waren anbieten, ihren Lebensstandard steigern und dabei sie selbst bleiben. Ob das alles gelingt? Wer weiß? Doch Zeit ist das größte Kapital, das die Insel hat.

Ziegen melken bei Helena

Über den Nationalkäse und das Landleben

Helena hat zweihundert Ziegen und einen Mann. Der schaut etwas böse, wenn sie das so in dieser Reihenfolge erzählt. Doch sie sagt dann, der liebe Gott habe sie mit Georgio reich gesegnet, was einer Liebeserklärung gleichkommt. Es ist später Morgen und die Ziegen sind schon gemolken. Im großen Kessel auf dem kleinen Bauernhof der Familie in den Bergen brodelt das begehrte Gemisch aus Ziegen- und Schafmilch. In ihrem *Hartzi*, so heißt der große Topf, entsteht der Nationalkäse – *Halloumi*. Das Rezept, verrät Helena, werde seit mehr als zweitausend Jahren wie bei den Druiden mündlich weitergegeben.

Nun sind die Druiden leider ausgestorben, aber dieser Käse erlebt gerade eine Renaissance. Zu Helena kommen viele Besucher. Sie hat extra einen Raum hergerichtet, wo sie ihr Produkt stilgerecht serviert – mit Brot und Wein oder zumindest Weintrauben. Landurlaub heißt das Zauberwort auf Zypern. Er fasziniert viele Mitteleuropäer. Sie wollen abseits des Trubels, der am Küstensaum herrscht, landestypisch in alten Steinhäusern mit Holzdecke ruhige Tage verbringen. Sie wollen auf dem Balkon sitzen, den Vögeln lauschen, ein Buch lesen und gut essen und trinken. Sie sind am Radfahren interessiert oder am Wandern. Sie praktizieren Yoga und sind auf der Suche nach Erlebnissen, wie sie nur ein Dorf liefern kann. Hier ein Plausch mit dem Pfarrer, da ein Schwätzchen mit der Verkäuferin im Obstladen oder abends in der Taverne mit den Zyprioten Karten spielen und lachen – so gefällt das Helenas Gästen.

Mehr als hundert restaurierte Häuser im kleinen Ort Tochni, der am Fuße der Berge auf halbem Weg zwischen Limassol und Larnaka liegt, und drumherum sind heute für den Agrotourismus offen. Von Tochni ging diese Bewegung aus, die vor einigen Jahren von Sofronios Potamitis ins Leben gerufen wurde. Er hatte in den USA studiert und kehrte auf seine Insel zurück, als er erkannte, was für ein Potenzial in den vielen verlassenen Ruinen seiner Dorfbewohner steckte. »Die Menschen wollen das Natürliche, das Unverwechselbare, und das haben wir hier«, verkündet Sofronios. Seine Schweizer Frau bietet Ausritte auf Pferden an. Er geht mit den Radfreaks auf Tour. Der Duft von Thymian und Orangen begleitet die Gäste auf ihrem Weg zu Helena.

Sie hat Lab in den großen Druidentopf getan und ihn vom Feuer genommen. Mit diesem Gemisch aus Enzymen wird die Milch zur Gerinnung gebracht und angedickt. Das ist gute Tradition der Käsegewinnung generell. Helena holt später den Käsebruch aus dem Kessel, legt ihn auf eine Unterlage und drückt ihn durch ein Tuch kraftvoll aus.

Die Molke läuft ab. Schwere Steine, die nun über mehrere Stunden über ein Seihtuch ihr Gewicht an die etwa zehn Zentimeter hohe Käsemasse abgeben, sind für die nächste Zwischenstufe auf dem Weg zum fertigen Halloumi im Einsatz.

»Kommt mit zum Ziegenmelken«, lädt die junge Zypriotin ihre Gäste ein. Einige Tiere mit prallem Euter sind angebunden. Die sind zuerst dran. Helena kniet sich nieder und melkt das Euter in einen Eimer leer, den sie mitgebracht hat. »Versuch mal«, fordert sie einen Besucher auf. Der geht in die Hocke und hat Berührungsangst. Die zuckende, warme Zitze der Ziege mag er gar nicht anfassen. Die anderen lachen. »Du musst das Saugen einer jungen Ziege nachahmen«, befiehlt Helena und lacht dabei herzhaft. Sie zeigt es dem Fremden. Mit Daumen und Zeigefinger, die sie zum Ring schließt, umfasst sie die Wurzel einer Zitze. Dann formt sie die übrigen Finger der rechten Hand nacheinander zu einer Faust. Die streift sie nach unten ab. »Mein Mann schafft einen Liter in der Minute«, lobt sie ihn. Der Gast fremdelt immer noch. Ein paar Spritzer Ziegenmilch sammeln sich im Eimer – immerhin. Die Umstehenden klatschen. Die Ziege ist irritiert und meckert.

Georgio hat derweil fertigen *Halloumi* aufgetragen. Warmes Brot, das gerade gebacken wurde, steht ebenfalls auf dem Tisch. Wasser und Wein sind griffbereit. Der weiße Käse, fast im ganzen Nahen Osten verbreitet und unter anderem Namen als *hellim peyniri* auch in der Türkei und im

Norden Zyperns beliebt, schmeckt salzig. Denn nachdem die schweren Steine von der Rohmasse genommen sind, wird er in große Würfel geschnitten und nochmals in der Molke gekocht. Sobald die Stücke an die Oberfläche steigen, nimmt Helena sie heraus und wendet sie in Salz. Manchmal nimmt sie noch getrocknete Minze dazu.

»Quietscht beim Kauen«, meint der Ziegenmelker von vorhin, als er die ersten Stücke im Mund hat. Das ist keinesfalls eine Beleidigung für das Nationalprodukt. Es liegt an der festen Konsistenz des Käses, der nur so aussieht wie Mozzarella. Mit Olivenöl und Tomaten essen ihn viele Zyprioten schon zum Frühstück. Trauben und Wassermelonen werden ebenfalls gern dazu gereicht. In Salaten ist er zu finden. *Halloumi* ist so fest, dass er in der Pfanne oder beim Grillen nicht schmilzt, deshalb kommt er auch gegrillt, gebacken oder gekocht auf den Tisch. Es ist eine dankbare Zutat für alle Menüträume. Helena lässt ein paar Streifen davon in frischen Datteln verschwinden. »Das ist eine süße Variante«, meint sie.

Die Landurlauber erleben und beleben. Was die Landwirtschaft auf der Insel an Ertrag bringt, ist gering. Kleinbauern haben durch Erbteilung immer kleinere Parzellen. Die meisten können vom Anbau auf diesen »Handtüchern« kaum leben. Sie müssen irgendwo anders mindestens ein paar Stunden am Tag Geld verdienen. Georgio und Helena beliefern die Umgebung mit ihrem Käse. Die zweihundert Ziegen und ein paar Schafe sind ihr

Kapital. Landurlauber bringen zusätzlich Euros in die Familienkasse.

Die Fremden öffnen Herz und Mund. Sie freunden sich mit den Bauern an. Sie sehen dem Nachbarn zu, wie er Oliven schlägt. Mit langen Stöcken bearbeitet Alexandros die Zweige seiner Bäume, unter denen er große Plastikplanen ausgelegt hat. Darauf prasseln nun die schwarzen Früchte. Er sammelt sie ein und fährt sie zur Mühle. Auch dort sind die Gäste gern gesehen und können aus der Nähe erleben, wie die Oliven über ein Förderband tanzen, duschen und baden. Aus der trichterförmigen Mühle rinnt unten der gelbgrüne Olivensaft – kalt gepresst. Das wird dann auf dem Etikett stehen. Alexandros, der daneben steht, lobt das reine Produkt aus seinem Garten Eden: »Gesund, sehr gesund, nimm eine Flasche mit.«

Nun sieht Alexandros nicht wie der Träger eines Doktorhuts der Medizin aus, aber Ernährungswissenschaftler empfehlen es bekanntermaßen schon lange: Es verringert das Risiko an einer Verhärtung und Verengung der Schlagadern zu leiden, was gemeinhin als Thrombose, Herzinfarkt oder Schlaganfall in die Krankheitsstatistik eingeht. »Kommt alle zu meinem Kochkurs, da werden wir leckeres, gesundes Essen zubereiten«, lädt Alexandros die Truppe ein.

Es gehe beim Landurlaub nicht ums »süße Leben«, erläutert der Kleinbauer, es gehe ums gesunde Überleben, wie er meint. In immer mehr Dörfern auf der Insel stehen Landhäuser bereit, die genau das anbieten. Das »ländliche Zypern« im Troodos-Gebirge ist als eine von zehn herausragenden Regionen in der Europäischen Union sogar dafür ausgezeichnet worden.

Helenas Gäste lassen sich in die Korbmöbel fallen. Ein Paar erzählt von seiner gestrigen Liebesnacht auf der großen Matratze im Himmelbett. »Das Bett knarrte, der Holzfußboden knarrte und über uns hing ein weißer, durchsichtiger Schleier«, flötet die Frau, die diese Mischung aus rustikalem und traumhaftem Umfeld offenbar genossen hat. »Meine kleine Aphrodite«, vervollständigt der Mann den Eindruck und schaut seiner Frau in die Augen.

Die Ziegen verlangen jetzt die volle Aufmerksamkeit. Helena muss melken gehen. Sie tut das gern, wenn die Gesichtszüge jetzt nicht täuschen. Sie strahlt. Sie lebt hier sehr zufrieden. Sie hat den Eindruck, eine göttliche Alternative zur Verschandelung der Küstenbadeorte mit ihren langen Ferienhausanlagen zu bieten. »Dem *Halloumi* sei Dank«, ruft sie noch.

Im Schlepplift zum Olymp

Der Olympionike und das Sekundenglück des Skifahrens

Von wegen Kunstschnee – Lambros Lambrou wird ärgerlich. »Wir haben von Januar bis Ostern hier oben auf dem Olymp oft bis zu einem Meter achtzig ehrlichen Schnee«, sagt der Chef des Cyprus Ski Clubs stolz. All dem Getue in den Skigebieten der Welt, der Natur nachzuhelfen, wenn Frau Holle nicht genug von oben schickt, steht der erfahrene Skifahrer mindestens skeptisch gegenüber. Von Saisonverlängerung durch chemische Zusätze, Kanonen und Wasser kann hier ohnehin nicht die Rede sein. Zypern ist eine natürliche Skifahrernation.

Auf Lambros' Skioverall leuchtet in Herznähe ein Emblem, auf das der bärtige Mann stolz ist: eine weiße Friedenstaube auf gelbem Grund, umrankt von einem Lorbeerkranz, der unten von den fünf olympischen Ringen verziert ist. Lambros war bei mehreren olympischen Winterspielen dabei – als Mann von der Sonneninsel Zypern.

Zu gern erzählt er, wie ihn die Reporter umlagerten. Wie sie von ihm wissen wollten, wo er denn den Abfahrtslauf geübt habe. »Auf Zypern kann es nicht gewesen sein«, gaben sie lachend ihr Unwissen weiter. Von den sechs Pisten, drei

Schleppliften und seit Kurzem auch einem Sessellift rund um den 1952 Meter hohen Berg wissen selbst heute noch die wenigsten. Sich im Schlepplift auf den Olymp ziehen zu lassen, ist schon etwas Göttliches. So weich und frisch knirscht der Schnee unter den Brettern.

Lambros erzählt von den Olympischen Spielen in Innsbruck 1976. Damals hätten die österreichischen Zeitungen geschrieben, er habe es mit der Angst bekommen, als er in Innsbruck zum ersten Mal die Piste von oben gesehen habe, und sei wieder umgekehrt. »So ein Quatsch«, empört er sich noch heute. »Die wollten doch nur eine Schlagzeile mit einem Exoten.« Der war er zweifellos, doch gefahren ist er, keine Frage. Und wie! Er weiß sogar, dass er nicht Letzter wurde. »Ich war vor dem Chinesen im Ziel«, erinnert er sich. Am Oberarm trägt der Abfahrtsläufer auch einen Aufnäher. Er weist auf die »Small European Ski Nations« hin, kurz SES genannt. Die Idee zu diesem Verbund kam den Zyprioten 1988 in Calgary. Zwei Jahre später baten sie hier oben am Olymp zum ersten Gipfeltreffen. Andorra, Belgien, Island, Luxemburg, Portugal, Irland, Monaco und San Marino gingen an den Start. Wer gewann, spielte eigentlich keine Rolle. Dabei sein ist alles.

Seit 1980 waren Zyprioten bei allen Winter- und Sommerspielen unter ihrer eigenen Flagge dabei, davor schlüpften sie unter die griechische. Die jeweiligen Flaggenträger Zyperns sind heute noch so etwas wie Nationalhelden. Die Medaillenausbeute bei all den vielen Spielen aber, nun, die steht immer noch umgekehrt proportional zu den Anstrengungen und Erwartungen, denn sie liegt bei null. Doch das kann ja noch werden, vor allem im Winter.

Die drei Monate Training des Nachwuchses am Olymp nimmt Skilehrer Lambros oft selbst in die Hand. Heute will er aber nur einmal von oben schauen. Nach dem Ende des Schneetreibens fährt er im Sessellift die paar Meter hinauf zum Olymp. Doch kurz vor dem Scheitelpunkt der Bahn bleibt plötzlich der gebraucht gekaufte Lift stehen. Eine bizarre Szene ist zu erleben, die von Minute zu Minute kurioser wird. Der Olympia-Star Lambros Lambrou sitzt wie festgefroren in seinem Sessel. Seine Beine baumeln nur drei Meter über dem Boden. Zum Springen, ohne eine Verletzung zu riskieren, ist es zu hoch. Also heißt es warten.

Nur sein Mund bewegt sich und stößt wilde Flüche in die seidigen Nebelschwaden aus, die ihn zeitweise verhüllen, als ginge ein Vorhang vielleicht in Folge eines Regiefehlers ständig auf und zu. Der Liftboy, der oben den Ankömmlingen aus dem Sessel hilft, ist in Hörweite, zuckt aber nur die Schultern. Er hat seine Finger bei diesem Schabernack nicht im Spiel, so viel steht fest. Der überraschende Stillstand des Vorzeigeobjekts findet seine Ursache irgendwo unten beim Restaurant »North Face«. Da nämlich ruht der elektrische Antrieb des Lifts, und der hat offenbar gerade einen Aussetzer.

Während Lambros sitzt und schimpft, weht der sibirische Nordwind mit seinen minus zehn

Grad stärker. Die dem Klang nach mit Flüchen und Drohungen versetzten griechischen Worte erreichen kaum noch den Empfänger, der sich ohnehin schon abgewandt hat. Zeitweilig schickt die Sonne jetzt Strahlen auf den Olymp. Die weiße Radarkuppel der Briten, die hier am höchsten Punkt der Insel steht, wird sichtbar. Verharschter Schnee hat ein Weidezaunrelikt in ein glitzerndes Kunstwerk verzaubert, das nun vor dem Betrachter in Pose zu gehen scheint. Ein Snowboarder, der gerade noch vom Sessel sprang, bevor der Lift seinem Namen nicht mehr gerecht werden konnte, steht jetzt abfahrbereit auf dem Buckel. Es knirscht der Schnee. Es knarrt das Brett. Dann gleitet der Mann über eine Glatze des Berges auf den nächsten Pinienwald zu. Das Kratzen seines Snowboards wird leiser. Nebelschwaden verschlucken den Wintersportler, bis er ein paar Minuten später unten am Lift steht und wartet.

Mögen die beiden Lifts am »North Face« auch hübsche Namen tragen – Hera und Dias –, mögen die beiden gegenüber auf der anderen Seite des Olymps im Sun Valley sogar Aphrodite und Hermes heißen, die Freude des Skifahrers am Hinuntergleiten fällt fast noch in den Bereich des Sekundenglücks. Es sind wenige Minuten, dann ist selbst der langsamste Fahrer mit noch so vielen Bögen, die er schwingt, am Ende der Piste angelangt. Von neun bis sechzehn Uhr dauert das Vergnügen, dann kommen die beiden Pistenraupen und ebnen das zerfurchte Schneerelief für den nächsten Tag.

Es ruckelt. Die Stromversorgung ist wieder intakt. Lambros schwebt die verbleibenden drei Meter im Sessel und hat endlich festen Boden unter den Skistiefeln. Und als wollte der Berg sich entschuldigen und einen der in der Skiwelt bekanntesten Söhne des Olymps wieder gnädig stimmen, öffnet er die Wolkendecke. Lambros hat heute keine Skier dabei. Er nimmt den nächsten Sessel und fährt wieder zur Talstation hinab. Lambros, der gern von den Vorbereitungen auf Olympia in Innsbruck erzählt und vom Hotel in Garmisch-Partenkirchen, in dem die Mannschaft wohnte, ist auch zufrieden mit der Anschaffung der Pistenraupen. Was für eine feine Technik, lobt er die Schneeplanierer.

Der Blick aber, der sich nun den Sesselsitzern eröffnet, ist geradezu göttlich. Er fällt auf die mit Schnee schwer beladenen Kiefernbäume, über die weißen Nachbarberge hinaus auf tiefer liegende Hügel ohne Schnee und verliert sich dann im Dunst der Unendlichkeit. Skifahren und Baden gehen – um Ostern herum bietet Zypern diese Möglichkeiten gleichzeitig. Das Mittelmeer liegt eine Autostunde von hier entfernt und hat dann meist achtzehn Grad Wassertemperatur zu bieten.

Lambros' Mobiltelefon klingelt. Er nestelt es aus der Innentasche, nachdem er einen Handschuh zwischen die Zähne geklemmt hat. »Das Fernsehen ist dran«, meint er knapp, jedenfalls redet der Skimaster mit einem Redakteur, der gleich vorbeikommen will, um ein paar Filmszenen zu drehen und ein Interview aufzunehmen. »Das ganze Jahr über vergessen sie einen«, nörgelt der Zypriot, als der Fernsehmann nicht mehr dran ist, »kaum fällt Schnee, soll ich zehn Interviews geben. Wer hier alles anruft!« Zypern im Schnee ist eben doch nichts Alltägliches.

Wer sich die Karten der Einheimischen genau ansieht, sucht den Olymp übrigens oft vergebens. Der Berg hier heißt Chionístra – und das bedeutet Frostbeule. Also war es hier oben schon immer kalt im Winter.

»Es kommt auf den Schnee an«, doziert der Olympionike so überzeugend, als wollte er sich für die vielen Interviews der nächsten Stunden schon warmreden. »Manchmal reichen fünfzehn Zentimeter zum Skifahren, manchmal sind dreißig nicht genug.«

Die Piste Dias überzeugt heute mit fast zwei Metern der weißen Pracht – in der Höhe wohlgemerkt, nicht in der Länge, wie Amateure leicht lästern könnten. Dann wird Lambros doch noch einmal sehr ernst. »Wir hatten in jüngster Zeit auch schon mehrere Winter ganz ohne Schnee hier oben«, lässt der Skilehrer wissen und beschreibt damit auf seine Weise die eigentliche Sensation – Zypern im Winter ganz ohne Schnee auf dem Olymp. Das wäre sogar etwas fürs Fernsehen!

Matthew weiß Rat

Wie sich die Briten heute auf der Insel ausbreiten

Walter und Eve aus Yorkshire haben seit zwei Jahren ein kleines Haus auf Zypern. Den Winter über sind sie hier. »Im Sommer ist es uns aber zu heiß«, sagt die Sechsundsechzigjährige und nippt an ihrer Weinschorle. Dann fliegen sie zurück und leben in ihrer nordenglischen Heimat. Neben ihr auf dem Sofa in der Kikko Bar liegt ihr Roman. »Super spannend«, bewertet sie das Sechshundert-Seiten-Fantasy-Werk. Ihr Mann Walter, der mit seinen sechsundsiebzig Jahren noch gern Auto fährt, flirtet mit der jungen Bedienung. »Wo hast du dein gelbes Auto gelassen?«, will sie wissen. »Längst verkauft, ich fahre jetzt das rote da draußen, guck mal«, antwortet er. »Noch ein Bier?« Walter nickt und stellt klar: »Zum Fußball immer.« Dann schaut er wieder hoch zum Fernsehgerät. Da muss er mitansehen, wie Manchester United die Wolverhampton Wanderers gerade mit fünf zu null zerlegt. »Bitter«, gibt er sich als Fan der Unterlegenen zu erkennen.

Er und seine Frau waren früher oft wochenweise auf Zypern – meist im Mai zum Wandern. Seit ein paar Jahren leben sie fast das ganze Jahr über hier, um dem »rheumatisch feuchten Nordengland zu entkommen«, wie sie sagen. Die Zyprioten verkaufen gern ihr Land oder die fertigen Häuser darauf an die Briten. Sie gehören zur größten Gruppe der Investoren. »Briten statt Gemüse«, beschreiben das die Verkäufer der kleinen Gärten Eden hinter dem Haus oder in den Bergen scherzhaft. Früher bauten sie auf den schmalen Landflächen Essbares für den Hausgebrauch an. Das ist auch heute noch auf der ganzen Insel verbreitet. Jetzt verdienen sie halt kräftig an der endgültigen Fruchtfolge, die als britischer Altersruhesitz an Rendite nicht mehr zu überbieten ist.

Walter und Eve sind oft in der Kikko Bar, denn hier bedient Samantha. »Mit der redet er gern«, kommentiert Eve das Geplänkel ihres Mannes und verdreht die Augen. Der geordnete Tagesablauf zu Hause mit den Mahlzeiten zum Gongschlag, dem künstlichen Kamin, der im kühleren Januar und Februar flackert, und täglich denselben Themen haben die Konversation des Paares eingeebnet. Die Unterhaltung wird mühsam wie das Durchschreiten einer öden Ebene. Doch es sind Blumen in Sicht: Nächste Woche soll ihre Tochter für zwei Monate kommen. Sie jobbt öfter hier. Samantha hat das vermittelt.

Die Briten und Zypern – das ist eine unendlich erscheinende Geschichte. Seit sie die Insel 1878 von den Osmanen zunächst gegen Pacht an sich nahmen, haben sie sie trotz der Unabhängigkeit 1960 nicht wirklich wieder hergegeben. Zwar sicherten sie sich in Verträgen nur drei Prozent der Landfläche bis in alle Ewigkeit, aber ihre Präsenz geht weit darüber hinaus. Der von ihnen eingeführte Linksverkehr gilt noch immer. Sie überrennen mit jährlich rund siebenhundertzwanzigtausend Touristen das Eiland, weit vor den Russen (zweihundertvierzigtausend) und Deutschen (hunderttausend). Vor allem aber kaufen sie Parzelle um Parzelle. Sie nehmen Flächen in Besitz, die die zypriotische Landkarte quasi mit einem dicken Raster an Union Jacks überzögen, würde man eine Flagge in jedes britische Grundstück stecken. Der *High Commissioner*, der die Queen vor Ort vertritt, und seine vielen Mitarbeiter in Nikosia mischen da kräftig mit.

Walter erinnert sich, wie er sein Haus fand. »Wir hatten von Matthew einen Makler empfohlen bekommen, der für uns alles geregelt hat«, freut er sich, »sonst kann das hier kompliziert werden mit den einheimischen Rechten.« Besonders gern wurden früher Grundstücke im türkisch besetzten Norden verkauft, selbst wenn sie dem Verkäufer gar nicht gehörten. Lange Rechtsstreitigkeiten waren an der Tagesordnung. Seit 1960 ist bereits der siebzehnte britische Hochkommissar im Dienst auf Zypern. Matthew Kidd war zuvor bei der NATO beschäftigt, versah seine Pflicht in Bonn, später in Berlin und fungierte als außenpolitischer Berater bei der Europäischen Kommission. Matthew weiß eigentlich immer Rat, wenn es um die Belange seiner Landsleute auf Zypern geht. Täglich ist er zudem damit beschäftigt, ein enger werdendes Netz zu den Regierenden der Insel zu weben.

»Haben Sie die Schneekugel auf dem Olymp gesehen?«, fragt Walter jetzt seine Sitznachbarn in der Bar. Als die verneinen, fängt er an zu erzählen, was die große weiße Hülle oben auf dem höchsten Berg der Insel im Troodos-Gebirge in sich birgt – ein Radar. Am Ufer bei Limassol ragen riesige Antennen in den Himmel, angeblich zum Kontakt mit Satelliten und U-Booten. Und die Namen Akrotiri und Dekelia sind keine Codeworte, sondern so heißen die beiden britischen Militärbasen auf Zypern. Es sind die drei Prozent netto des ewigen britischen Territoriums.

Walter, das wird klar, war früher in der Armee. Infanterie und Luftwaffe mit Hubschraubern und Kampfflugzeugen seien auf der hundertdreiundzwanzig Quadratkilometer großen Akrotiri-Fläche südwestlich von Limassol untergebracht. Dreizehnhundert Soldaten und fünftausend Zivilisten lebten dort. Jedenfalls sind diese Angaben so veröffentlicht worden, wie es Walter erzählt. Doch ein Teil der britischen Besitzungen mit dem großen Salzsee, in dem manchmal die Flamingos stehen, dem orthodoxen Kloster und einem Badestrand ist frei zugänglich. Dekelia liegt bei Larnaka und umfasst sogar hundertdreißig Quadratkilometer Land. Die jungen Zyprioten durch fünfundzwanzig Monate Wehrdienst an Militär gewöhnt, stört das nicht. Oft liegen genau dort im britischen Hoheitsgebiet lukrative Arbeitsplätze mit gutem Salär und Rentenversicherung.

Eve geht jetzt die Popmusik in der Bar auf die

Nerven. »Dinner time, darling«, stößt sie in Richtung ihres erneut flirtenden Mannes aus. »Yes, sugar honey«, flötet der zurück, und dann sitzen sie sehr rasch in ihrem roten Auto. Samantha winkt. Morgen sind die beiden ja wieder hier.

Umsteigen in Istanbul

Der Norden ist türkisch, naturschön und voller Hoffnung – Gas und Öl befeuern eine neue Gier

Der Norden ist schön. Er gilt im Sommer als verträumt, im Winter als totenstill. Immer mehr Reisende wollen ihn sehen. Einsame Sandstrände mit wild lebenden Eseln versetzen einen ins Schwärmen. Die Karpaz-Halbinsel, die wie ein Sporn im Nordosten ins Meer zeigt, gehört zum Lieblingsrevier von Wanderreise-Veranstaltern. Sie haben den Norden der Insel längst in ihre Reiseperlenschnur aufgereiht. Die verborgenen Reize von farbenfrohen Fresken in der byzantinischen Kreuzkuppelkirche Agia Triada oder dem Andreaskloster locken. Und es gibt einen Ort an der Nordküste, der Kyrénia heißt und den die Türken Girne nennen. Er trägt das Etikett »St. Tropez der Levante«. So hübsch glitzern die Farben der Boote im Wasser des malerischen Hafens vor den Altstadt-Cafés.

Die Festung nebenan, an deren Stelle schon die Byzantiner eine Burg aufgeschichtet hatten, ist der besterhaltene Wehrbau Zyperns aus dem Mittelalter. Über eine Brücke geht der Gast hinein und taucht ein in prächtige Fundstücke aus allen Epochen des Inseldaseins. Das Schiffswrack-Museum präsentiert stolz ein zweitausenddreihundert Jahre altes Boot, das bis 1969 im Schlamm vor der Küste ruhte. Es gehört zu den ältesten jemals geborgenen Wracks der Welt. Die vierhundert Weinamphoren an Bord des fünfzehn Meter langen Schiffes, so stellten die Forscher verblüfft fest, hatten die vier Mann Besatzung von den griechischen Inseln zwischen Rhodos und Samos eingesammelt. Die Getreidemühlen schleppten sie auf der Insel Kos an Bord. Woher die vielen Mandeln kamen, ist nicht klar.

Doch klar ist: Wanderer kraxeln von hier auf schmalen Pfaden durch die Kulisse des Besparmak-Gebirges hinauf zur Kreuzritterburg St. Hilárion, die schon von der Küstenebene aus gut zu sehen ist. Sie strahlt so anmutig, dass sogar Kaiser Friedrich II., als er 1228 hier vorbeipreschte und ganz andere (Kreuzfahrer-)Ziele im Visier hatte, anhielt. Er ließ sie belagern, bis sie an seine Truppen verraten wurde. Das Schmuckstück im Fünffingergebirge mit seinem märchenhaften Aussehen diente gar dem Walt-Disney-Film »Fantasia« als Vorbild. Die gotische Klosterruine Bellapais liegt auch nicht weit und liefert eine zauberhafte Kulisse für Konzerte. Auch einen Schriftsteller inspirierte die Lage mit Blick auf Oliven, Johannisbrot, Orangen und Zitronen, die alle hier wachsen. In »Bittere Limonen« macht Lawrence Durrell anschaulich, wie einfache, friedliebende Menschen durch die äußeren Ereignisse plötzlich Hass und Brutalität entwickeln. Er hat es erfahren. Er lebte von 1953 bis 1956 als Lehrer und britischer Beamter auf Zypern.

Zu jener Zeit kämpfte die Untergrundbewegung gegen die Briten und für den Anschluss an Griechenland. Dann kam 1960 die Unabhängigkeit. 1974 folgte das Zerwürfnis des zypriotischen Präsidenten Erzbischof Makários III. mit der griechischen Militärjunta in Athen. Sie befahl schließlich den Sturm griechischer Offiziere der zypriotischen Nationalgarde auf den Präsidentenpalast in Nikosia. Makários III. floh über Malta nach London und New York in einer britischen Militärmaschine. Da die Briten oder Amerikaner nicht reagierten, begann die Türkei am 20. Juli 1974 mit ihrer Invasion. Der Norden ist seitdem besetzt. Tatsächlich sieht man bei der Reise durch die Dörfer auch heute noch viel Militär. Im Dezember 1974 kehrte Makários III. zurück und bemühte sich bis zu seinem Tod 1977, die Türkei zum Abzug zu bewegen. Vergeblich.

Den Meeresschildkröten am Strand von Alagadi östlich von Kyrénia ist das alles ziemlich gleichgültig. Sie kehren zur Eiablage an ihre alten Orte zurück, unabhängig von politischen Landkarten. Dies ist neben dem Lara Beach am Westufer nördlich von Pafos zwischen Juni und August eines der letzten Rückzugsgebiete der zweihundert Millionen Jahre alten Tierart im Mittelmeer. Der Schutz der Tiere und Eier steht an oberster Stelle. Daher sind die Strände einige Zeit gesperrt, um das Überleben dieser schwimmenden Dinosaurier zu ermöglichen.

Wer aber in den Norden fliegen möchte, um alle

diese Natur- und Kulturschönheiten anzuschauen, ist auf eine türkische Fluglinie angewiesen. Direktflüge gibt es nur vom Festland aus. Istanbul ist meist das Drehkreuz für Gäste aus dem fernen Ausland. Der einzige Flughafen der Türkischen Republik Nordzypern befindet sich etwa achtzehn Kilometer südöstlich von Nikosia und heißt Ercan. Damit wird der beim türkischen Einmarsch 1974 gefallene Pilot Fehmi Ercan gewürdigt.

Von Ercan sind es nur wenige Kilometer bis nach Famagusta im Osten. Allerdings ist die Stadt eine verblasste Schönheit. Viele Häuser der Altstadt sind verfallen. Hochgeschossene Hotels an der Küste bringen Betriebsamkeit. Putzig sieht die vor vierhundert Jahren zur Moschee umgebaute frühere Kathedrale aus, der die obere Hälfte fehlt. Ein Minarett füllt die Lücke und piekst vorsichtig in den Himmel. Etwas nördlich aber liegt Salamis – tausendfünfhundert Jahre lang die größte Stadt Zyperns. Königsgräber, Tempelreste und Mosaiken sowie Amphitheater und Thermen verraten römisches Volkstum. Zuvor waren um 1000 vor Christus hier griechische Seefahrer gelandet.

Eines Tages landete auch Kofi Annan, der Generalsekretär der Vereinten Nationen, in Nikosia. Er verstand die Welt nicht mehr. Der Norden wollte sich wiedervereinigen lassen, der Süden nicht. Zwei Drittel der Bewohner des ärmeren türkischen Nordens forderten ein gemeinsames Zypern, drei Viertel der Menschen im griechischen Süden stimmten dagegen. Die einfache Wahrheit dieser Volksabstimmung am 24. April 2004 auf der gesamten Insel mündete ein paar Tage später dennoch wie geplant im Anschluss Zyperns an die Europäische Union. Ganz Zypern wurde aufgenommen, nur de facto – wie die Juristen sagen – der Norden nicht, solange er türkisch besetzt bleibt. Dort hatte der türkische Zypriot Rauf Denktaş am 15. November 1983, neun Jahre nach der Besetzung durch türkische Truppen, die Türkische Republik Nordzypern ausgerufen. Anerkannt wird sie bis heute von niemandem, außer von der Türkei.

Dabei schwebte Kofi Annan ein Staatenbund wie die Schweiz vor. Jeder Bewohner sollte die zypriotische und die Staatsangehörigkeit des Landes bekommen, aus dem er stammt. Doch der Süden sah in dem zweihundertzwanzig Seiten umfassenden Plan mit neuntausend Seiten Anhang zahlreiche Tücken: zu viel fremdes Militär, zu wenig Rückgabe von Immobilien im Norden und kein selbstbestimmtes Handeln der Zyprioten.

Selbstbewusst zeigen sich hingegen die türkischen Inselbewohner. Schon auf einen Hang der Berge nördlich von Nikosia haben sie ein weithin lesbares Mosaik gelegt. Der türkische Halbmond ist zu erkennen und ein Zitat des ersten türkischen Präsidenten nach dem Osmanischen Reich, Mustafa Kemal Atatürk: Du kannst stolz sein, ein Türke zu sein – so etwa lautet der durch seine Größe fast bedrohlich wirkende Schriftzug übersetzt. Ein riesiges Schild »forever« prangt zudem am Grenzkontrollpunkt Ledra-Palace in Nikosia über einem kleineren »Türkische Republik Nordzypern«. Und Rauf Denktaş, Präsident dieser Republik bis 2005, verstand sich bis zu seinem Tod 2012 als Bremser einer Wiedervereinigung.

Zwar gilt im Norden offiziell noch die türkische Lira, doch wird der Euro, der seit 2008 im Süden als Zahlungsmittel dient, auch hier gern genommen. Immerhin steht der Name »Zypern« neben griechisch schon auf Türkisch auf den Euro-Münzen: Kibris. Die wirklichen Probleme liegen allerdings viel tiefer – nämlich unter dem Meeresspiegel – und haben auch etwas mit Geld zu tun. Es geht zwischen der Türkei und Zypern um die Frage, wo genau der Festlandsockel verläuft. Große Schätze an Erdöl und Gas schlummern unter dem Meer. Doch wem gehören sie? Wären sie zypriotisch, könnte das Land bald in die Organisation erdölexportierender Länder eintreten. Dann wäre die kleine Insel bald eine Art Tresor für Petrodollars. Gehörte aber der nördliche Teil zur Türkei, vergrößerte sich das Hoheitsgebiet drastisch. Zypern liegt geologisch gesehen auf der Anatolischen Platte, daran kann kein Parlamentsbeschluss etwas ändern. Also würden dann die Einnahmen aus dem Verkauf des flüssigen Rohstoffs von den künftigen Bohrinseln nach Ankara fließen.

Zypern prescht nun vor. Es hat sich mit den anderen Anrainern des östlichen Mittelmeers Libanon, Israel und Ägypten schon geeinigt, wo unter Wasser die Grenzen in der jeweiligen Richtung verlaufen. Eine amerikanische Firma ist im östlichen Mittelmeer aktiv und lässt die Bohrgestänge in die Meerestiefen hinab. Die Türkei ist empört und hat die staatliche türkische Ölgesellschaft auf Kurs Richtung Zypern gebracht. Auch sie treibt ihre Messungen im Untergrund voran.

Einstweilen haben die Nordlichter sich jedoch im Süden beliebt gemacht, als dort schlagartig das Licht ausging. Eine gewaltige Explosion von schätzungsweise zweitausend Tonnen falsch gelagerter Munition in einer Militärbasis nahe dem Kraftwerk am Governor's Beach im Juli 2011 mit dreizehn Toten kappte die Stromversorgung der halben Insel. Sogar Flughäfen mussten schließen, weil die Lichter ausgingen. Sofort sprang der Norden mit seinem Kraftwerk ein und schickte Strom vorbei. Doch gegen Bezahlung, wie der Süden gleich monierte. Immerhin hätten sie nach der Besetzung des Nordens noch jahrelang gratis Strom dorthin geliefert, ließen sie zerknirscht wissen.

Wenn es ums Geld geht, sind die Inselteile ohnehin verfeindet. Zweihundert Millionen Euro im Jahr zahlt angeblich die Europäische Union dem Norden als Dank, dass er sich 2004 gern wiedervereinigt hätte. Drei Milliarden Euro im Jahr ist der Regierung in Ankara angeblich die wirtschaftliche Unterstützung ihrer rund zweihunderttausend nordzypriotischen Freunde wert, denn Industrie und Arbeitsplätze sind dort rar. Nordzypern verkauft hauptsächlich Zitrusfrüchte und *Raki* in die Türkei. Finanziert werden müssen aber auch die vermutlich dreißigtausend türkischen Soldaten, die den Norden bewachen – hinter Mauern und Stacheldraht. Und hundert Millionen Euro im Jahr verprassen anscheinend griechische Zyprioten in den siebzehn Casinos des Nordens, jedenfalls legen das die Abbuchungen per Scheckkarte von den Konten im Süden nahe. Da ist das Glücksspiel verboten.

Jetzt soll erst einmal eine Pipeline vom türkischen Festland in den Norden gelegt werden, damit genug Trinkwasser auf die chronisch unterversorgte Insel spült. Was das wieder kostet!